알면 알수록 신비로운 우리 몸

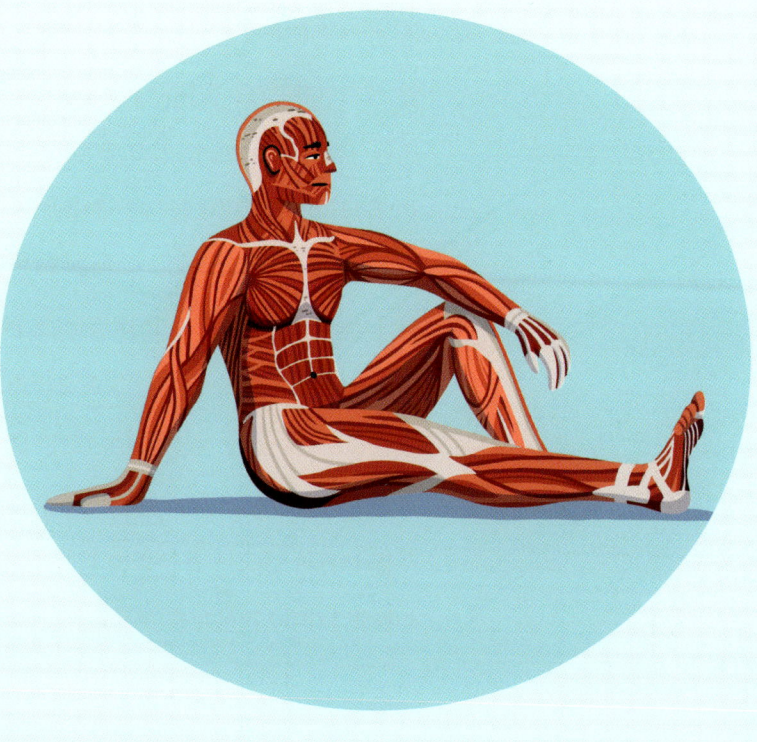

초판 1쇄 발행 2023년 9월 20일

저자	제이미 콜린스
그린이	다니엘 해밀턴
옮긴이	윤영
펴낸이	김대현
펴낸곳	아이위즈
주소	서울시 강서구 양천로 738, 한강G트리타워 613호
전화	(02)2268-6042
팩스	(02)2268-9422
홈페이지	WWW.ATHENAPUB.CO.KR
등록	1991년 2월 22일 제2-1134호

ISBN 979-11-86316-35-1 (73470)

THE ATLAS OF THE INCREDIBLE HUMAN BODY
written by Jamie Collins and illustrated by Daniel Hamilton
Copyright © 2022 By Nextquisite Ltd.
Korean translation rights © 2023 Athena Publishing Inc.
(IWIZBOOKS Co.)
Published by arrangement with Nextquisite Ltd. through AMO Agency.
ALL RIGHTS RESERVED

이 책의 한국어판 저작권은 AMO 에이전시를 통해 저작권자와 독점 계약한 아이위즈·㈜도서출판 아테나에 있습니다. 저작권법에 의해 한국 내에서 보호를 받는 저작물이므로 무단 전재와 무단 복제를 금합니다.

아이위즈 IWIZBOOKS는 ㈜도서출판 아테나의 브랜드입니다.
책값은 표지에 있습니다. 잘못된 책은 바꾸어 드립니다.

주의! 책의 모서리 부분이 날카로우니, 다치지 않도록 주의하세요.

㈜도서출판 아테나·아이위즈의
다양한 도서를 만나보세요.

차례

6-7	**인체** 들어가며	18-19	**인체의 본부** 뇌 & 척수
8-9	**놀라운 세포** 생명의 구성 요소	20-21	**시각과 청각** 귀, 눈 & 균형
		22-23	**감각적이군!** 촉각, 미각 & 후각

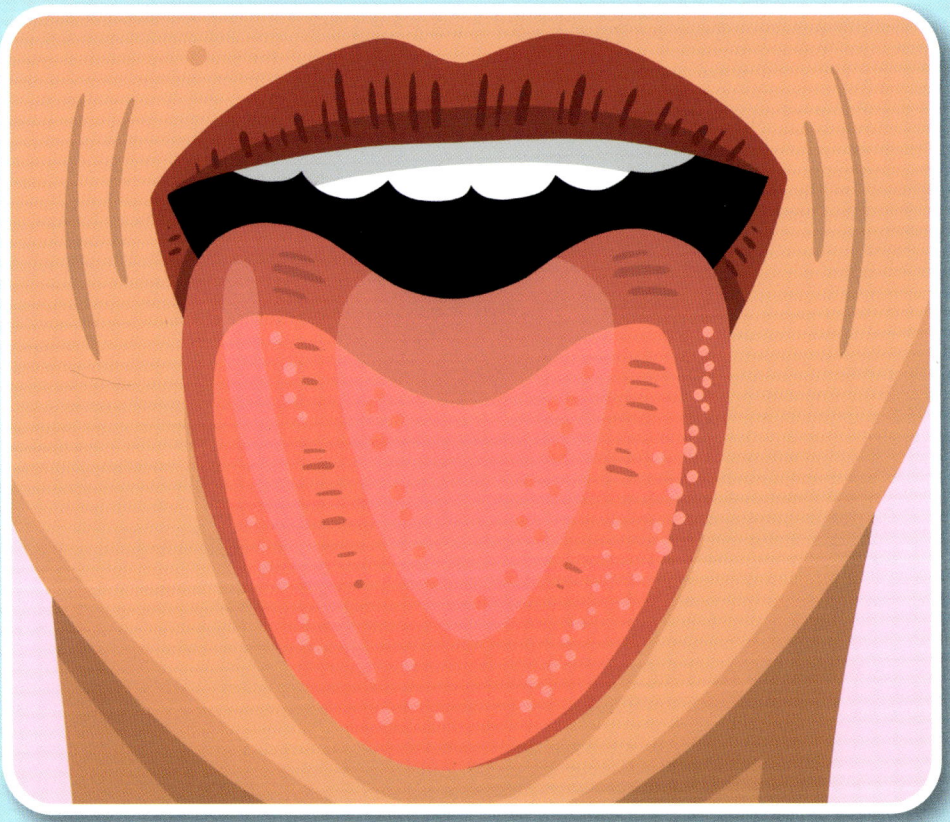

10-11 **DNA와 유전자**
유전학

12-13 **뼈는 왜 중요할까**
골격계

14-15 **힘 센 근육**
근육기관

16-17 **온몸을 감싼 피부**
피부, 머리카락 & 손톱

24-25 **고동치는 심장**
심장혈관계

26-27 **너무나 똑똑한 혈액**
혈액에 대한 모든 것

28-29	**생명을 살리는 호흡** 폐 & 호흡기관	38-39	**다음 세대** 생식기계
30-31	**음식이 지나가는 곳** 소화기	40-41	**인생 주기** 생활주기
32-33	**물은 흘러 흘러** 비뇨기계		

34-35	**방어에 힘쓰는 이들** 면역 체계	42-43	**건강 유지** 자신을 돌보는 법
36-37	**호르몬** 내분비계	44-45	**다르다는 것** 장애
		46-47	**미래** 획기적인 의학 발전
		48	**색인**

인체

오늘날 지구상의 수십 억 인간들은 모두 같은 종, 호모 사피엔스에요. 서로 겉모습은 꽤나 다르게 생겼을지 몰라도, 몸은 놀라울 정도로 비슷해요. 우린 모두 다 약 300,000년 전 아프리카에 살았던 현생 인류의 후손들이랍니다.

아주 오래된 원자!

여러분 몸의 원자들은 모두 수백만 년쯤 된 것들이에요. 여러분 몸의 원자는 62%가 수소로 이루어져 있는데, 이 수소가 137억 년 전 빅뱅으로 생겨난 것이거든요.

인체에 관한 더 정확하고 자세한 정보

1. 호모 사피엔스는 라틴어로 '현명한 사람'이라는 뜻이에요.
2. 최초의 조상 중에는 3백 2십만 년 전 아프리카에 살았던 여성이 있어요. 루시라는 이름으로 알려져 있죠.
3. 많은 현대인들이 여전히 네안데르탈인 유전자를 가지고 있어요.
4. 모든 인간의 약 75%가 갈색 눈을 가지고 있어요.
5. 오직 1%의 사람들만이 빨간 머리를 가지고 있어요.

자라면서 몸도 변화해요

어린이의 몸은 어른보다 좀 더 작을 뿐만 아니라 조금 다르기도 해요. 심장은 더 빨리 뛰고, 숨도 더 자주 쉬고, 뼈는 더 많답니다. 스무 살이 될 때까지는 완전히 다 큰 게 아니랍니다.

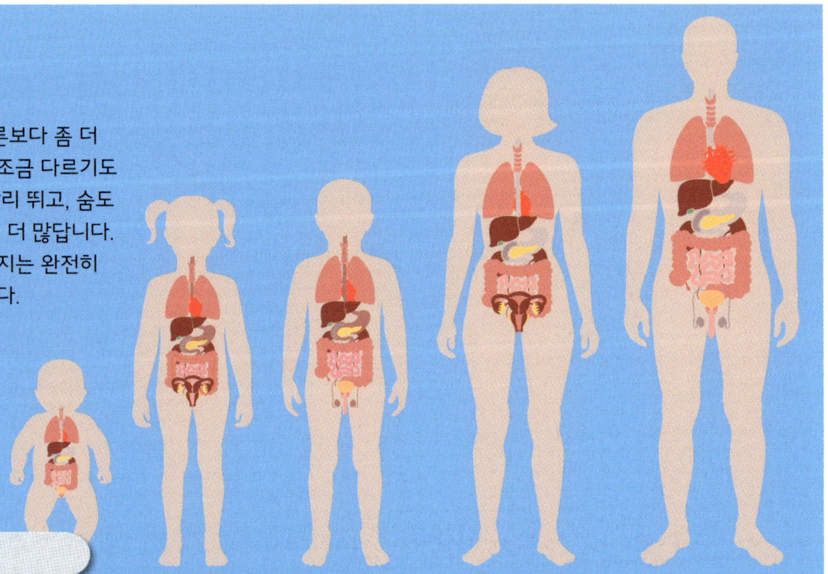

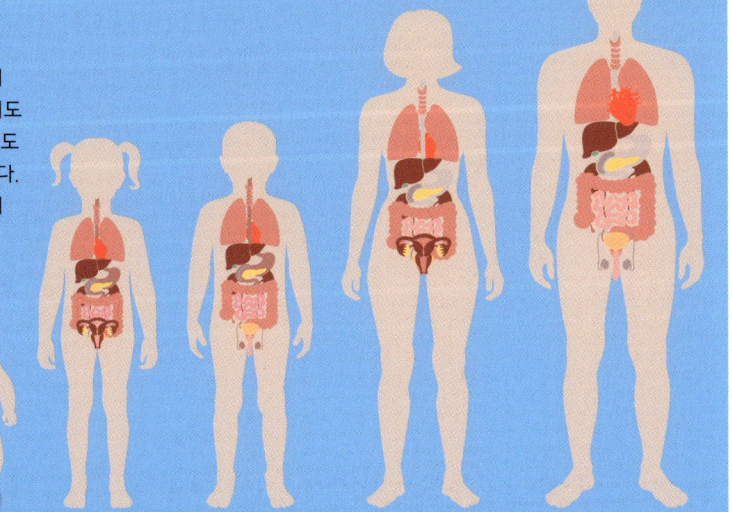

당신은 복잡해요

과학자들은 정확히 사람과 같이 움직이고 행동하는 로봇을 만들기 위해 굉장히 열심히 노력하고 있어요. 하지만 이게 쉽지가 않아요. 왜냐하면 인체는 너무나 복잡한 조직들로 이루어져 있거든요.

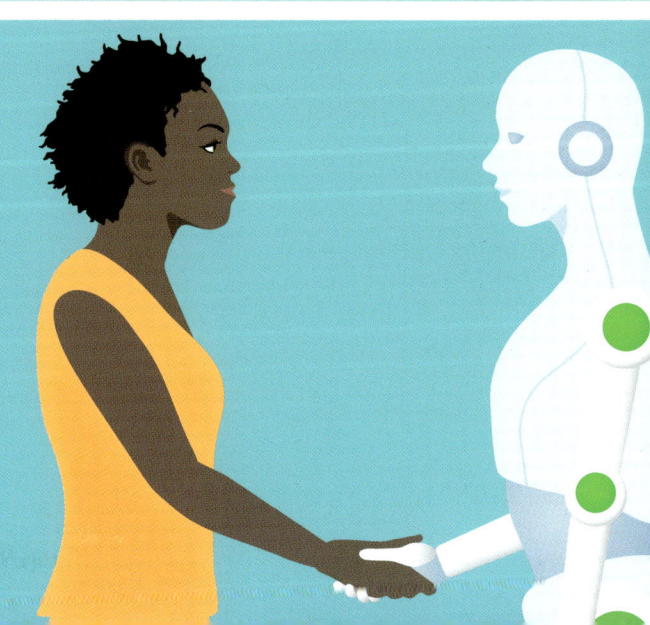

모든 사람은 특별해요

과학적인 관점으로 봐도요. 인간의 DNA는 사람마다 서로 조금씩 다르기 때문에 우리가 보는 겉모습에도 차이가 있는 거예요. 그럼에도 불구하고 지금 지구상 모든 인간의 DNA는 99.9% 일치하지요.

우리는 인간이에요

인간은 포유류고요. 개나 고양이도 역시 포유류지요. 개는 인간의 DNA와 85%, 고양이는 90% 일치해요. 우린 수많은 다른 동물들과 비슷한 점이 많지만 그렇다고 같지는 않아요.

놀라운 뇌

뇌가 있기에 여러분은 다른 동물과 구별됩니다. 뇌 안에 있는 수십 억 개의 뉴런들이 더 복잡한 방식으로 생각하고, 말하고, 행동하도록 도와주니까요.

놀라운 세포

세포는 생명의 구성 요소입니다. 모든 인간은 하나의 세포에서 출발했고, 이 세포가 몸속의 모든 세포 종류로 분열한 것 입니다. 비슷한 세포들끼리는 결합하여 혈액이나 뼈와 같은 조직을 형성해요. 조직들은 또 서로 합쳐져 심장이나 폐와 같은 기관을 형성하죠.

조직

비슷한 세포들끼리 모여서 함께 일하면 조직이 만들어집니다. 이런 조직에는 크게 네 가지 종류가 있어요. 때로는 신장, 간 또는 심장과 같은 장기를 만들기 위해 서로 다른 종류의 조직끼리 결합하기도 해요.

세포의 종류
여러분 몸에는 약 200 가지 종류의 세포가 있어요. 그 중에 가장 흔한 것들을 알려줄게요.

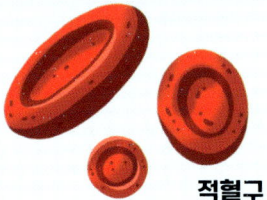
적혈구

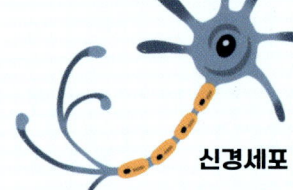
신경세포

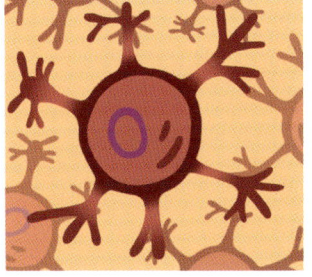

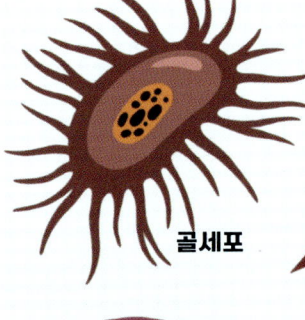
골세포

근육세포

지방세포

정자

신경 조직은 신경 세포, 즉 뉴런이 길게 늘어난 것으로 몸 여기저기에 신호를 전달하는 역할을 해요.

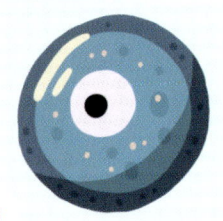
난자

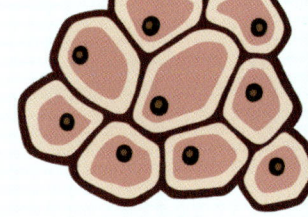
피부세포

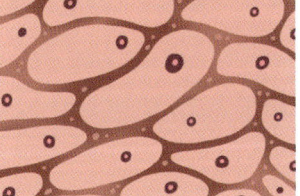

상피 조직은 피부의 표면 또는 장과 같이 속이 빈 장기에 막을 형성하고 있어요.

줄기 세포
줄기 세포는 골수, 심장, 뇌 안에 있어요. 어떤 종류의 세포로도 변할 수 있기 때문에 특별한 세포이지요.

줄기 세포

더 많은 줄기 세포로 분열

다른 특정한 세포로 분열

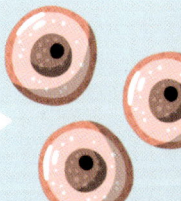
피부세포

장기는 한 가지 이상의 조직으로 이루어져 있어요. 예를 들어 심장에는 근육 조직과 결합 조직이 있죠. 혈액 역시 액체 형태의 조직이랍니다.

혈액세포

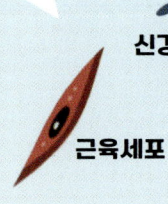
신경세포

난자

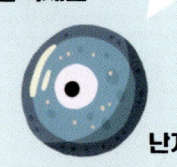
근육세포

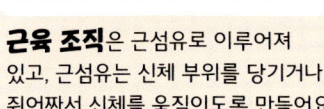

근육 조직은 근섬유로 이루어져 있고, 근섬유는 신체 부위를 당기거나 쥐어짜서 신체를 움직이도록 만들어요.

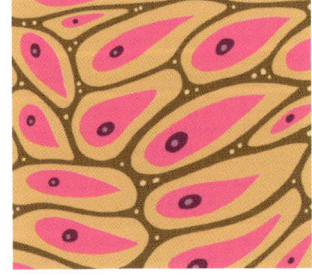

결합 조직은 몸을 지탱하거나 연결하고 떠받드는 일을 합니다. 예를 들면 뼈나 연골처럼요.

인간의 유전자

여러분의 몸을 구성하는 모든 유전 물질은 약 30억 개의 염기쌍이 포함되어 있는 DNA에 저장되며 이 DNA는 세포 안에 있어요. 여러분 몸의 세포와 염기를 통틀어 인간 게놈이라고 불러요. 과학자들은 인간 게놈이 어떻게 작용하는지 정확하게 밝혀내기 위해 여전히 연구를 하고 있지요.

입 안을 면봉으로 닦아내면 손쉽게 DNA 샘플을 수집할 수 있어요.

DNA와 유전자

"너 아빠랑 쏙 빼닮았구나!" "너 엄마랑 눈이 똑같아!" 누군가 여러분을 보며 이런 말을 한 적이 있지 않나요? 우린 대부분 부모님과 닮았어요. 그런데 왜 닮았을까요? 우리가 그들의 DNA를 물려받았기 때문이에요. 부모님의 유전자를 가지고 있는 거죠.

일란성 쌍둥이는 모든 게 다 똑같나요?

맨 처음에 일란성 쌍둥이는 정확하게 똑같아요. 어머니와 아버지의 똑같은 정자와 난자에서 태어난 몸이니까요. 같은 DNA(유전자 코드)도 공유하지요. 하지만 두 사람은 점점 달라지기 시작해요. 때로는 태어나기도 전부터요. 태어난 후에는 그들의 환경, 먹는 음식, 오염이나 화학 물질에 노출되는 정도 등 세세한 차이 때문에 두 사람의 DNA는 변하게 되고 서로 조금씩 달라지게 돼요.

DNA가 뭐죠? 유전자는 어디에 있나요?

DNA는 데옥시리보핵산(Deoxyribo Nucleic Acid)의 줄임말이에요. DNA는 여러분의 몸이 어떻게 발달하고 기능하는지 알려주는 유전 암호의 집합체, 이를테면 취급 설명서 같은 거예요. DNA는 부모에게서 자녀에게로 전달되지요.

세포 — (적혈구를 제외한) 여러분 몸의 모든 세포에는 그 중심에 핵이 있어요.

핵 — 핵 안에는 염색체라 불리는 23쌍의 작은 구조물이 있지요.

염색체 — 각각의 염색체는 단백질과 하나의 DNA 분자로 이루어져 있어요.

딸일까 아들일까?

염색체는 양쪽 부모로부터 하나씩 받아서 모두 쌍으로 이루어져 있어요. 22쌍의 염색체는 서로 그 모양이 같지만, 마지막 23번 째, 성 염색체만 서로 다르게 생겼어요. 여성은 X 염색체를 두 개, 남성은 X 염색체 하나, Y 염색체 하나를 가져요.

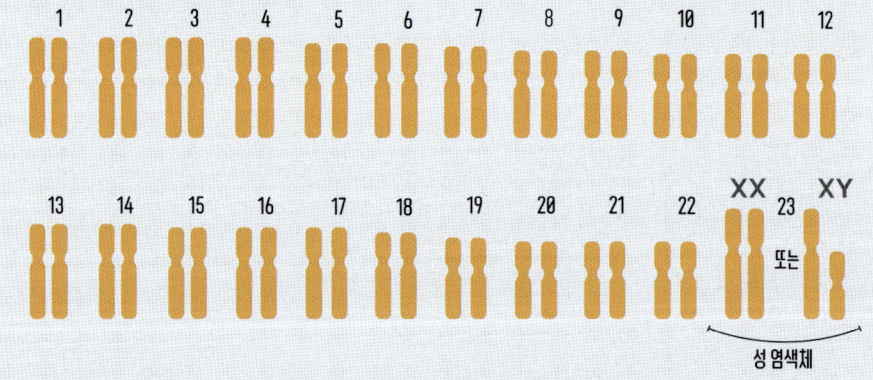

성 염색체

DNA에 관한 더 정확하고 자세한 정보

1. 몸속의 DNA를 모두 풀어서 하나로 연결하면 그 길이가 태양까지 600번 왕복할 수 있는 정도에요.
2. 모든 생물에는 DNA가 있어요. 식물이나 곤충도요.
3. 박테리아에도 DNA는 있어요. 그 구조가 우리와는 다르지만요.
4. 인간 게놈 지도는 2003년도에 처음으로 만들어졌어요.
5. 여러분 DNA의 약 40%는 양배추의 DNA와 일치해요!

DNA의 발견

1869년 스웨덴 화학자 프리드리히 미셔가 맨 처음 DNA를 발견했어요. 하지만 DNA가 한 세대에서 다음 세대로 유전 형질을 전달해주는 역할을 한다는 사실을 이해하기까지는 70년이 더 걸렸죠.

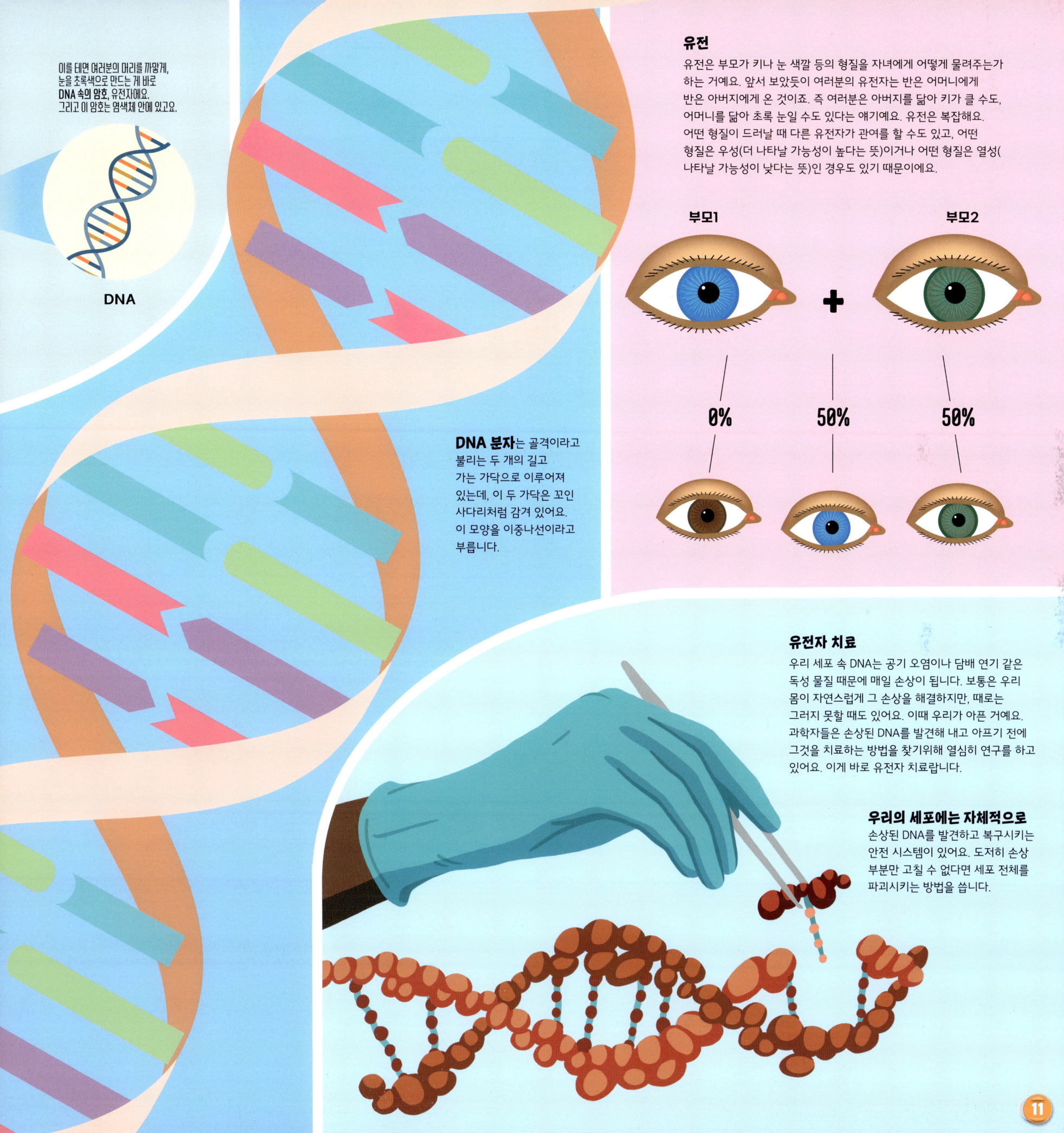

뼈는 왜 중요할까

뼈가 없다면 여러분의 피부와 내장은 흐물흐물하게 바닥에 흘러내릴 거예요! 수많은 뼈가 뼈대, 즉 골격으로 연결되어 있기 때문에 여러분의 몸을 지탱해 주고, 형태를 유지시키고, 움직일 수 있게 도와주지요. 뇌, 심장, 폐 같은 필수적인 장기도 뼈가 주변을 둘러싸서 보호해 줘요. 뼈에서는 혈액 세포, 즉 혈구를 만들기도 하고, 여러분을 건강하고 튼튼하게 유지시켜 주는 칼슘 같은 무기물을 저장하기도 합니다.

부러진 뼈

뼈는 매우 튼튼하지만 가끔 부러지기도 해요. 다행인 점은 뼈가 스스로 치유를 한다는 점이에요. 의사가 부러진 부위에 단단하게 깁스를 해주면, 뼈 속의 특별한 세포들이 골절 부위를 치료하기 위해 나선답니다.

뼈에 관한 더 정확하고 자세한 정보

1. 성인의 몸에는 206개의 뼈가 있어요.
2. 아기는 300개 정도의 뼈를 가지고 태어나지만 자라면서 서로 붙는 부분이 생겨요.
3. 여러분의 몸에는 360개의 관절이 있어요.
4. 넓적다리 뼈인 대퇴골이 몸 전체에서 가장 길고 강한 뼈에요.
5. 전체 뼈의 절반 이상이 손과 발에 있어요.

튼튼한 뼈를 갖고 싶다면

채소, 단백질, 칼슘(요거트, 우유, 치즈에 풍부해요)이 듬뿍 함유된 건강한 식사를 해야 합니다. 운동도 많이 하고 햇볕도 적절히 쐬는 게 좋아요.

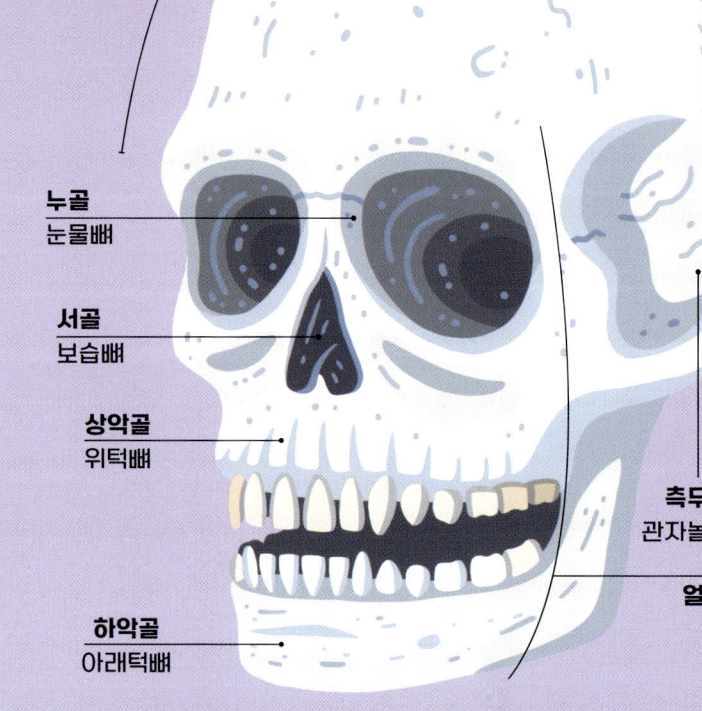

머리뼈

머리에 있는 뼈는 크게 두 부분, 두개골과 얼굴 부분으로 나뉘어집니다. 두개골에 있는 여덟 개의 뼈가 여러분의 뇌를 덮고 있고, 얼굴은 열 네 개의 뼈로 이루어져 있어요. 치아는 머리뼈의 일부로 취급되지 않아요. 눈, 입, 코를 제외하고도 머리뼈에는 작은 구멍들이 아주 많아서 신경과 혈관이 쉽게 드나들 수 있어요.

두개골 라벨: 두정골/마루뼈, 후두골/뒷머리뼈, 두개골, 전두골/이마뼈, 누골/눈물뼈, 서골/보습뼈, 상악골/위턱뼈, 측두골/관자놀이뼈, 얼굴, 하악골/아래턱뼈

전신 라벨: 두개골, 쇄골/빗장뼈, 견갑골/어깨뼈, 갈비뼈, 흉골/가슴뼈, 척추, 골반, 상완골/위팔뼈, 흉곽, 요골/전완골, 손, 척골/전완골, 척추골/등골뼈, 천골/엉치뼈, 장골/엉덩뼈, 좌골/요대

비틀비틀어!
엄지손가락이 손목까지 젖혀지거나 발가락이 머리에 닿는 등 신기한 동작을 할 수 있는 친구들이 있나요? 그들은 실제로 이중 관절이 있는 게 아니라 '관절 가동성'이 좋은 거예요. 보통 사람들보다 관절이 훨씬 잘 구부러지고 유연하다는 뜻이죠.

관절
둘 이상의 뼈가 만나는 부위에서 그 뼈들을 연결해 주는 게 관절이에요. 관절에는 인대가 있어서 뼈를 제 위치에 고정시키고, 연골이 있어서 충격을 완화해 주며, 기름처럼 미끈거리는 윤활액이 있어서 뼈끼리 부딪치지 않게 하지요. 관절의 종류로는 (무릎 부위 같은) 경첩관절, (목 부위 같은) 회전관절, (엉덩이 부위 같은) 절구관절이 있어요.

자잘한 뼈
손에는 27개의 뼈가 수근골(손목뼈), 중수골(손허리뼈), 지골(손가락뼈)로 나뉘어져 있어요.

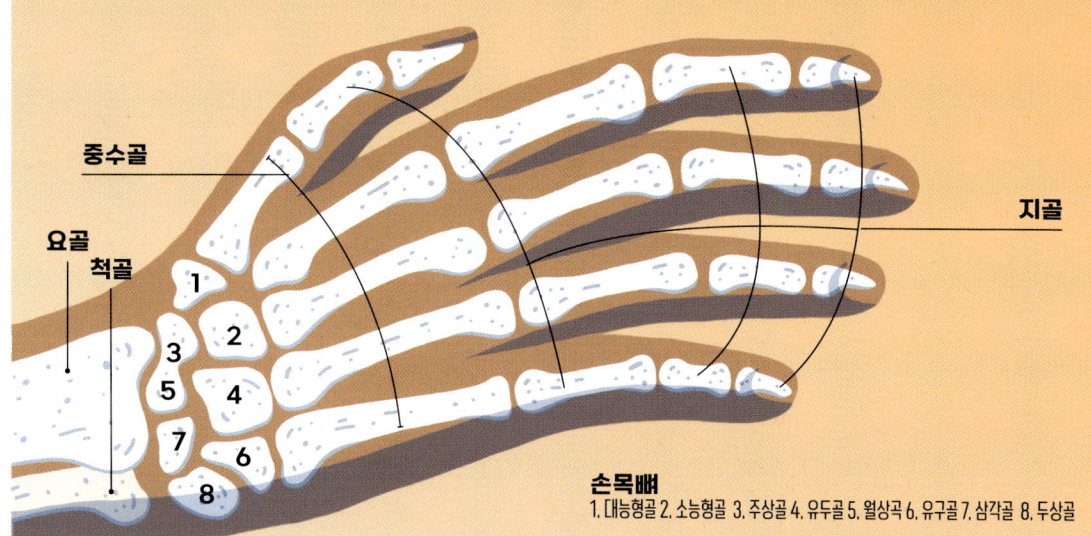

손목뼈
1. 대능형골 2. 소능형골 3. 주상골 4. 유두골 5. 월상곡 6. 유구골 7. 삼각골 8. 두상골

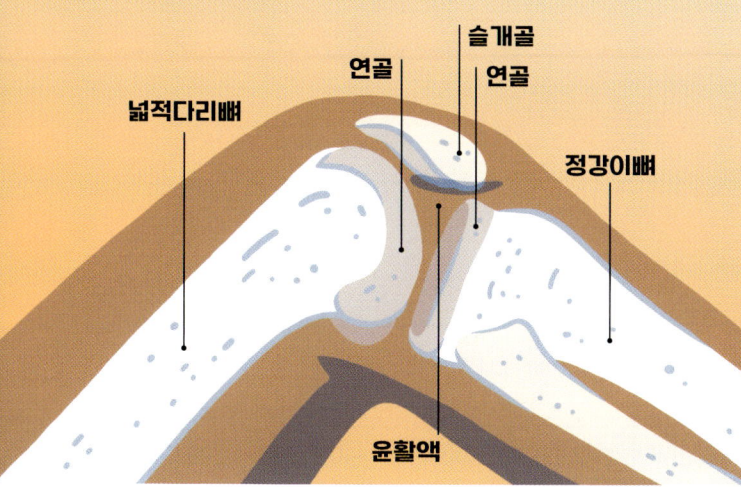

무릎은 몸 안에서 가장 큰 관절입니다.

뼈의 내부
뼈는 여러 층으로 나뉘어져 있어요. 딱딱하고 얇은 바깥쪽 층에는 혈관과 신경이 있어요. 그 아래로는 스펀지 같은 뼈조직이 있는데, 이 부분 덕분에 여러분의 뼈가 가볍지만 튼튼한 거예요. 가장 안쪽에는 골수가 있고 여기서 새로운 혈구가 만들어집니다.

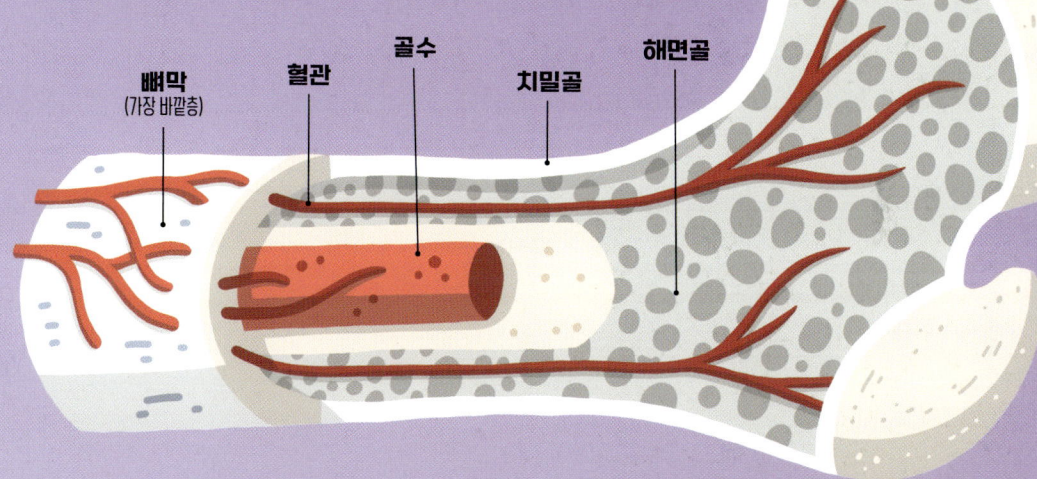

아래 : 발목과 발은 튼튼하고 민첩해야 해요. 여러분의 체중을 실어 나르고, 걷고, 뛰고, 점프하고, 회전하도록 도와주어야 하니까요. 각각의 발에는 100개가 넘는 뼈와 근육, 인대가 있습니다.

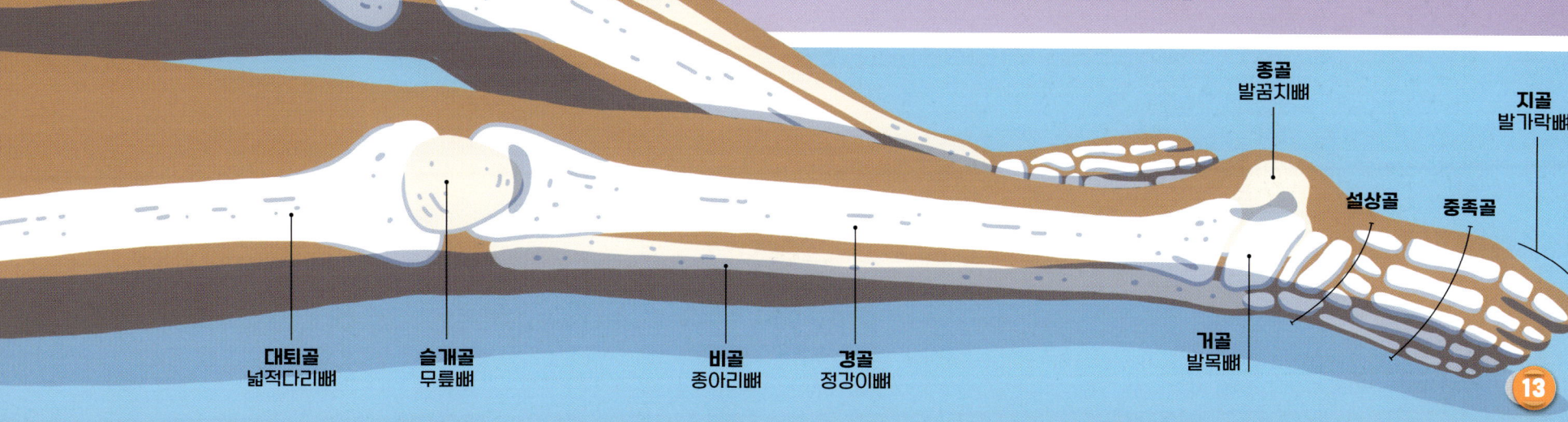

근육의 구조

몸에 있는 대부분의 근육은 골격근이에요. 뼈를 잡아당겨 몸을 움직일 수 있게 만드는 근육이죠. 이들은 맘대로근(수의근)으로 여러분이 원하는 대로 통제를 할 수 있어요. 수의근은 기다란 근육섬유, 혈관, 신경 그리고 결합조직으로 이루어져 있습니다.

골격근은 근외막이라고 불리는 결합조직에 둘러싸여 있어요. 그 안에는 근육 섬유가 다발로 묶여 있는데 이를 근다발이라고 부릅니다.

얼굴 근육

얼굴에는 43개의 근육이 있어서 우린 이를 당기고 비틀며 다양한 표정을 만들어 냅니다. 전문가들은 우리가 10,000가지의 얼굴 표정을 지을 수 있다고 추정합니다. 일곱 가지 기본 감정, 행복, 슬픔, 화, 혐오, 놀람, 경멸, 공포를 거울 앞에서 표정으로 표현해 봐요. 이 소녀는 지금 무례함을 표현하고 있네요.

힘 센 근육

뼈는 여러분을 지탱해 주고 관절은 움직임을 가능하게 하지만, 둘 다 근육 없이는 아무것도 하지 못 해요. 여러분의 근육은 뼈에 붙어 있지요. 그래서 걷고 싶을 때 여러분의 뇌는 다리 근육에 뼈와 관절을 잡아당기라는 메시지를 보내 움직이게 하는 거예요.

근육에 관한 더 정확하고 자세한 정보

1. 여러분의 몸에는 600개 이상의 근육이 있어요.
2. 가장 작은 근육은 귀 안쪽에 있어요.
3. 여성은 몸무게의 30~35%가 근육이에요.
4. 남성은 몸무게의 40~45%가 근육이에요.
5. 여러분의 눈은 가장 빠르게 움직이는 근육이지요.

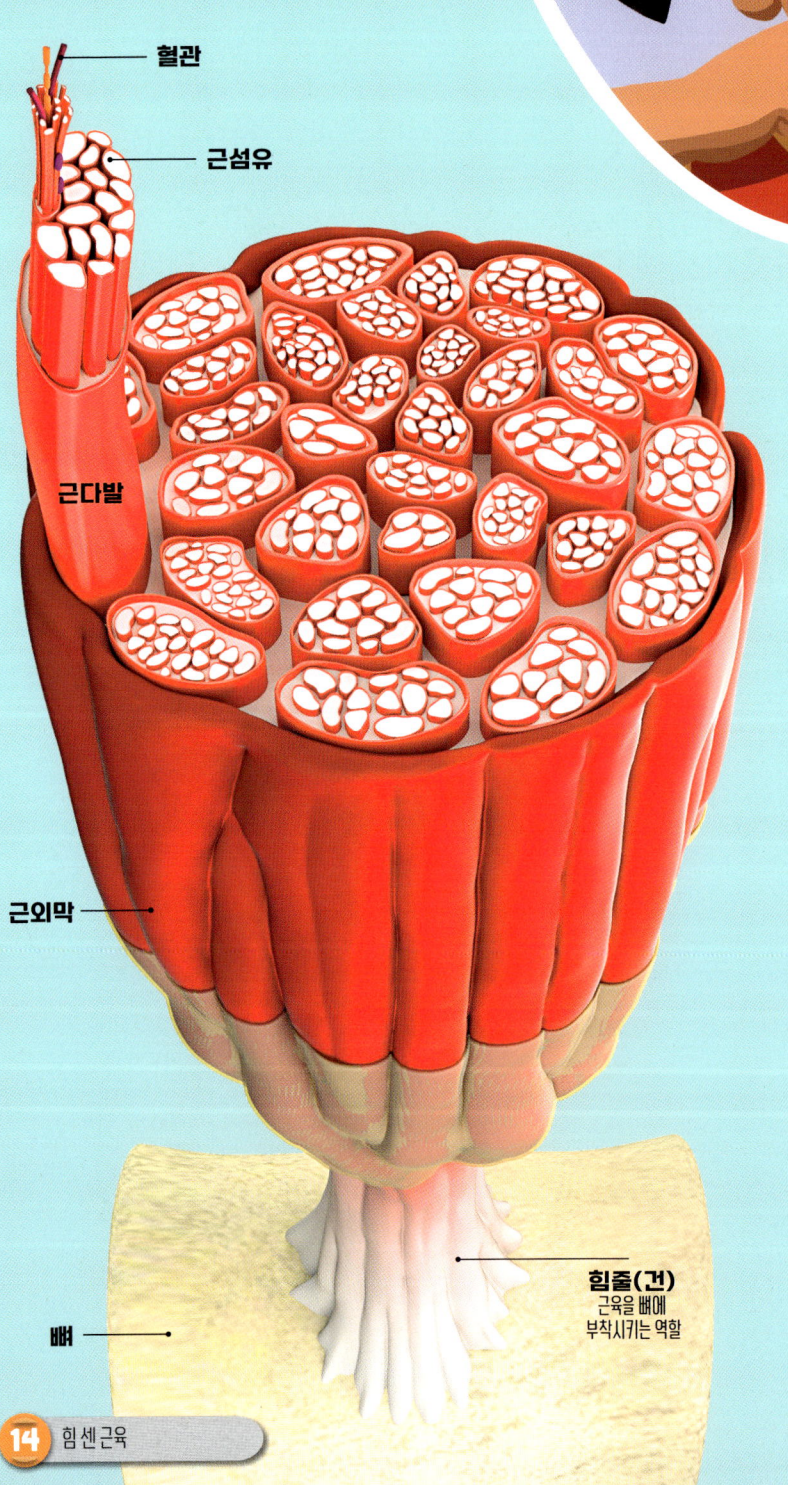

- 혈관
- 근섬유
- 근다발
- 근외막
- 뼈
- **힘줄(건)** 근육을 뼈에 부착시키는 역할

몸에서 가장 크고 힘 센 근육은 다리에 위치하고 있어요. 바로 허벅다리와 종아리예요.

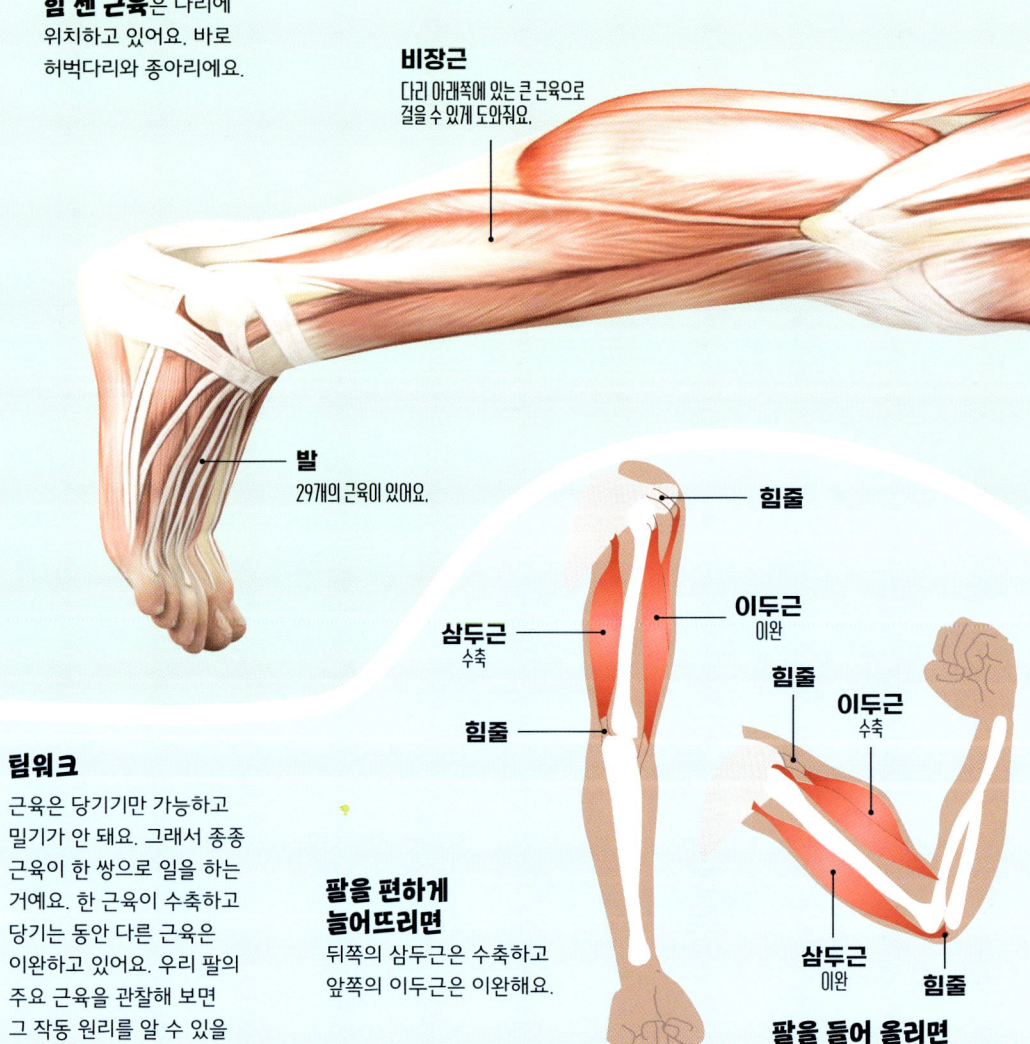

비장근 다리 아래쪽에 있는 큰 근육으로 걸을 수 있게 도와줘요.

발 29개의 근육이 있어요.

팀워크

근육은 당기기만 가능하고 밀기가 안 돼요. 그래서 종종 근육이 한 쌍으로 일을 하는 거예요. 한 근육이 수축하고 당기는 동안 다른 근육은 이완하고 있어요. 우리 팔의 주요 근육을 관찰해 보면 그 작동 원리를 알 수 있을 거예요.

팔을 편하게 늘어뜨리면 뒤쪽의 삼두근은 수축하고 앞쪽의 이두근은 이완해요.

- 힘줄
- 삼두근 수축
- 이두근 이완
- 힘줄

팔을 들어 올리면 그 반대 상황이 벌어지지요.

- 힘줄
- 이두근 수축
- 삼두근 이완
- 힘줄

근긴장도
근육은 움직일수록 강해져요. 규칙적으로 운동을 하는 사람은 그렇지 않은 사람에 비해 근긴장도가 높아요. 근육이 더 오랫동안 수축상태를 유지할 수 있다는 뜻이죠. 운동을 하면 자세와 균형도 좋아지고 뼈도 튼튼해지며 몸을 날씬하게 유지시켜요. 정신적으로도 건강해지고요.

그림과 같은 스트레칭 운동, 걷기, 뛰기, 수영하기, 야외운동 등은 근긴장도를 높이기 좋은 방법이랍니다.

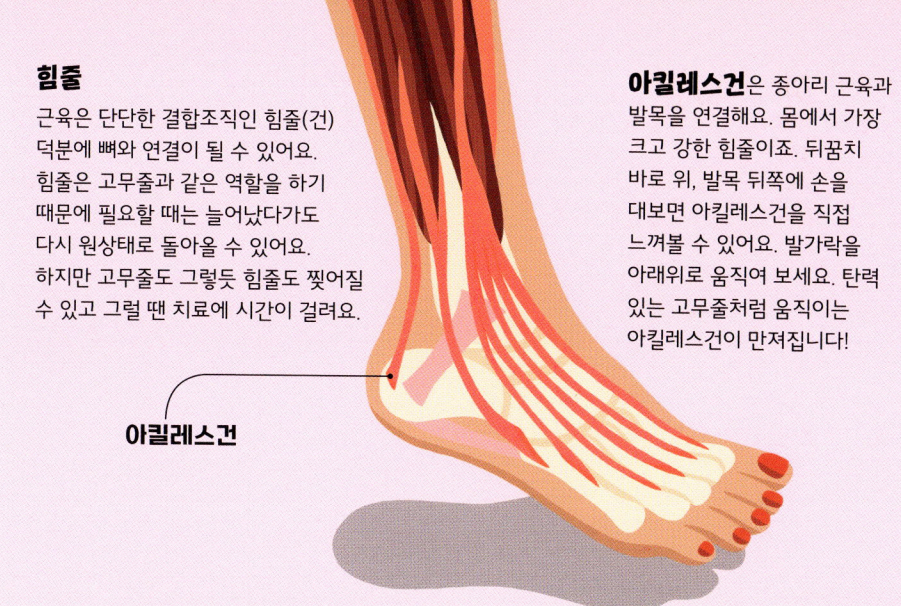

힘줄
근육은 단단한 결합조직인 힘줄(건) 덕분에 뼈와 연결이 될 수 있어요. 힘줄은 고무줄과 같은 역할을 하기 때문에 필요할 때는 늘어났다가도 다시 원상태로 돌아올 수 있어요. 하지만 고무줄도 그렇듯 힘줄도 찢어질 수 있고 그럴 땐 치료에 시간이 걸려요.

아킬레스건은 종아리 근육과 발목을 연결해요. 몸에서 가장 크고 강한 힘줄이죠. 뒤꿈치 바로 위, 발목 뒤쪽에 손을 대보면 아킬레스건을 직접 느껴볼 수 있어요. 발가락을 아래위로 움직여 보세요. 탄력 있는 고무줄처럼 움직이는 아킬레스건이 만져집니다!

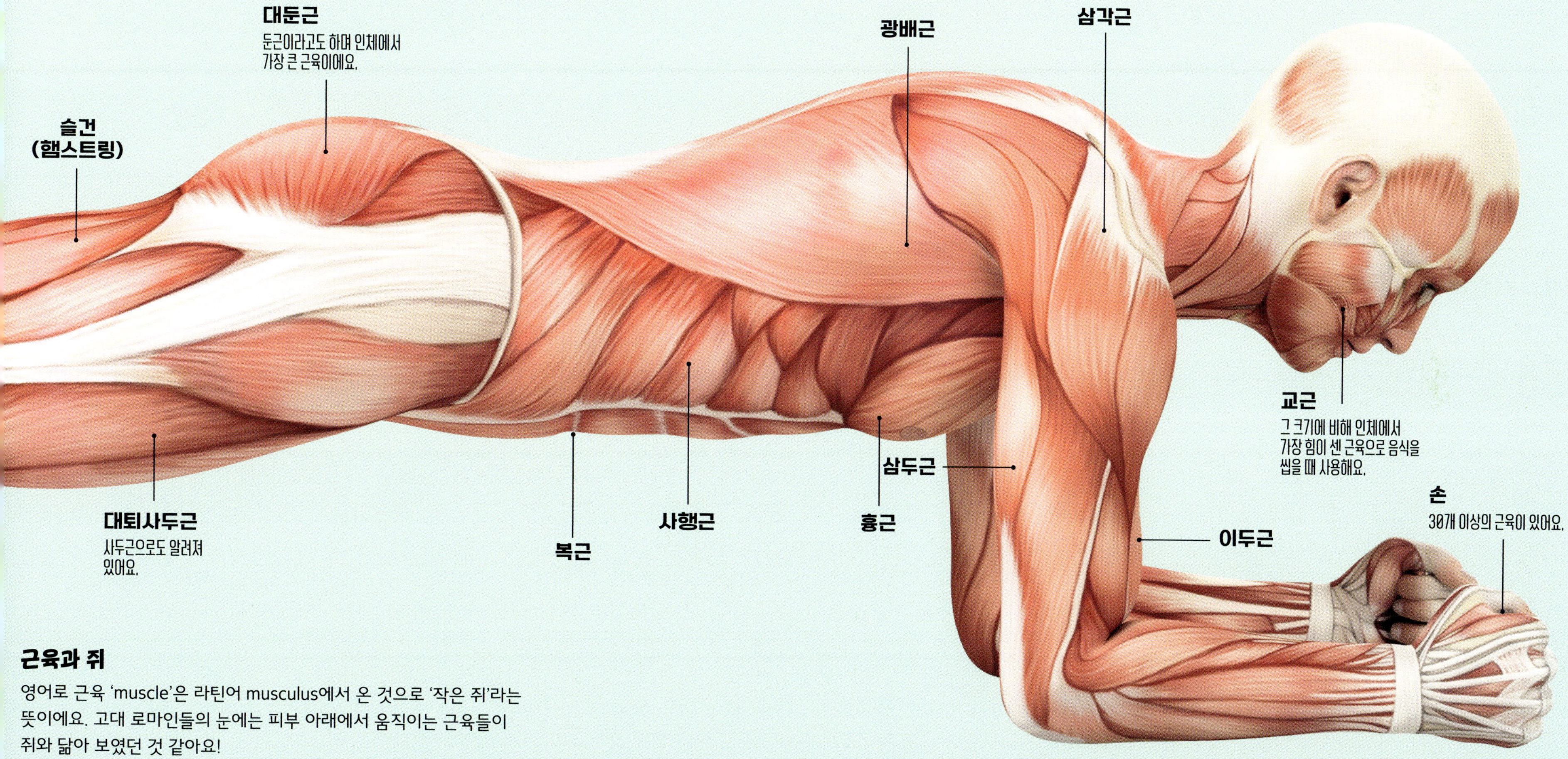

슬건 (햄스트링)

대둔근 — 둔근이라고도 하며 인체에서 가장 큰 근육이에요.

광배근

삼각근

대퇴사두근 — 사두근으로도 알려져 있어요.

복근

사행근

흉근

삼두근

교근 — 그 크기에 비해 인체에서 가장 힘이 센 근육으로 음식을 씹을 때 사용해요.

이두근

손 — 30개 이상의 근육이 있어요.

근육과 쥐
영어로 근육 'muscle'은 라틴어 musculus에서 온 것으로 '작은 쥐'라는 뜻이에요. 고대 로마인들의 눈에는 피부 아래에서 움직이는 근육들이 쥐와 닮아 보였던 것 같아요!

민무늬근
민무늬근은 골격근과 달라요. 우리가 일부러 움직이려고 하지 않아도 알아서 저절로 움직이죠. 예를 들어 우리 목구멍에 있는 민무늬근은 음식을 삼키는 것을 도와주고 장에 있는 민무늬근은 음식을 이동시키도록 도와줍니다.

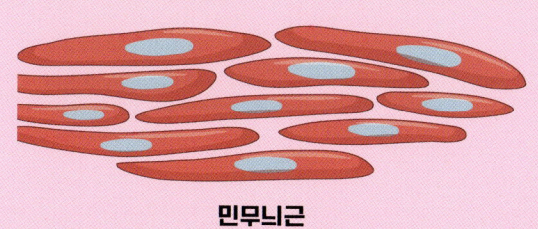

민무늬근

심근
심근은 심장에만 있는 근육으로 우리가 살아있는 한 쉬지 않고 스스로 일을 해요. 근육이 수축하면 피가 심장 밖으로 나가 몸을 순환하고, 근육이 이완하면 온몸을 돌고 돌아온 피가 다시 심장으로 들어가죠.

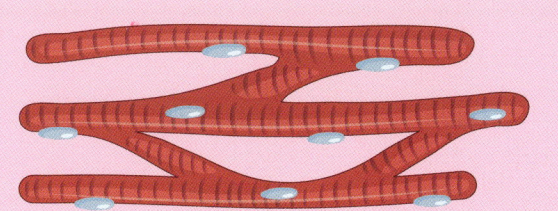

심근

온몸을 감싼 피부

우리의 몸은 얇고 방수가 되며 신축성이 있는 피부로 둘러싸여 있어요. 피부는 우리의 살과 뼈를 제 위치에 고정할 뿐만 아니라 외부 세균으로부터 보호해주고, 체온을 유지하며, 무언가를 만지고 느낄 수 있게 해 줘요. 피부는 인체에서 가장 큰 기관이래요. 정말 놀랍죠? 그 무게를 다 합치면 4~5kg이나 나간대요!

물집, 여드름 그리고 상처

피부는 바깥세상과 끊임없이 싸우고 있어요. 새 신발을 신고 물집이 생긴 적 있죠? 탁자 모서리에 부딪쳐 멍이 든 적도요? 10대들은 수년간 여드름으로 고생을 할 수도 있고 화상은 보기 흉한 상처를 남겨요. 피부는 이 모든 것들을 당연하게 받아들이며 상처를 치유한답니다.

신발에 피부가 쓸려서

피부에 손상을 입었을 때 물집이 생겨요. 곤충에 물렸을 때나 화상을 입었을 때, 다른 건강 문제가 있을 때도 물집이 생길 수 있어요.

피부층

피부는 크게 표피(가장 바깥층), 진피(가운데층), 피하 조직(가장 아래층)이라는 세 개의 층으로 나뉘어져 있어요.

표피

가장 바깥층이자 인체를 맨 앞에서 방어해주는 부위에요. 감염과 열기를 막고 상처 예방을 돕지요.

표피에는 여러분의 피부색을 좌우하는 멜라닌이라는 물질이 들어 있어요. 멜라닌이 많을수록 피부색이 어두워지죠. 주근깨는 이 멜라닌이 반점처럼 퍼져 있는 거예요.

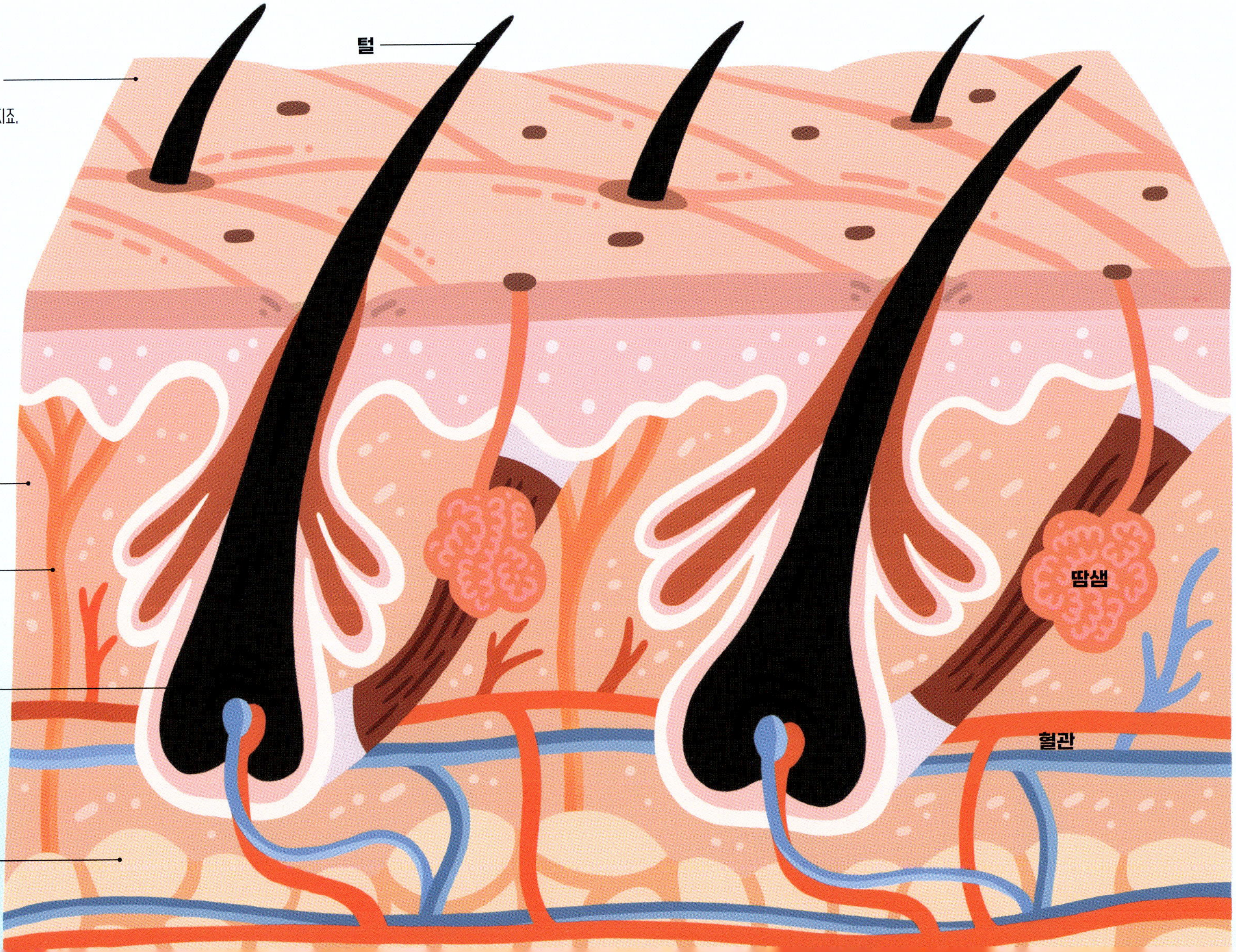

진피

가장 비쁜 중심 층으로 피지 분비선과 땀샘, 신경, 혈관, 감각 센서가 있어요.

- 신경
- 모낭

피하 조직

피부를 몸에 부착시키는 지방층이에요. 체온을 유지해주고 굽히거나 부딪힌 상처로부터 몸을 보호해줘요.

- 털
- 땀샘
- 혈관

체온

피부는 신체를 적절한 온도로 유지시키는 데 도움을 줍니다. 추워지면 혈관이 좁아지면서 열기가 빠져나가는 걸 막고, 털을 곤두세워서 열을 가둬요. 추울 때 소름이 돋는 이유가 바로 그거예요.

더울 때나 힘든 일을 할 때면 뇌가 땀샘에 땀을 분비시키라고 명령해요. 그러면 땀이 식으면서 피부의 열을 내리게 되죠.

운동은 피부 세포로 가는 혈액의 양을 증가시켜 피부를 건강하고 발그레하게 만들어요.

피부에 관한 더 정확하고 자세한 정보

1. 피부는 28일마다 새롭게 재생됩니다.
2. 피부는 체중의 약 15%를 차지합니다.
3. 한 사람의 피부에는 땀샘이 2~4백만 개 있어요.
4. 1시간마다 죽은 피부 세포가 40,000개씩 떨어져요. 1년이면 약 4kg이나 되는 거죠!
5. 성인의 피부 면적은 평균 2제곱미터 정도이며 그 안에 18km의 혈관이 들어 있어요.

햇빛이 곧 비타민

피부는 햇빛을 이용해 비타민 D를 만들어내요. 이 필수 영양소는 튼튼한 뼈와 치아, 건강한 면역 체계에 꼭 필요하답니다.

땀샘에서는 매일 1리터 정도의 땀이 배출됩니다. 아주 더운 날에는 하루에만 10리터의 땀을 흘릴 수도 있어요.

머리카락과 손톱

머리카락과 손톱은 케라틴이라고 불리는 단단한 단백질로 만들어져요. 머리카락은 체온 손실을 줄여 몸을 따뜻하게 유지시켜 줍니다. 머리카락은 몇 년 동안 계속해서 자랄 수 있지만, 몸에 난 털은 두세 달 동안만 자란답니다.

머리카락의 종류

머리에서 나는 털에도 종류가 있어요.

직모

반곱슬

곱슬

손톱·발톱

손톱·발톱은 손가락과 발가락 끝의 예민한 부분을 보호해 줘요. 뭔가를 집을 때도 도움이 되고요.

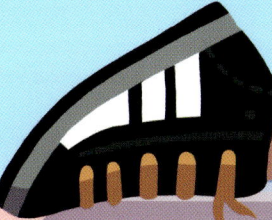

큐티클

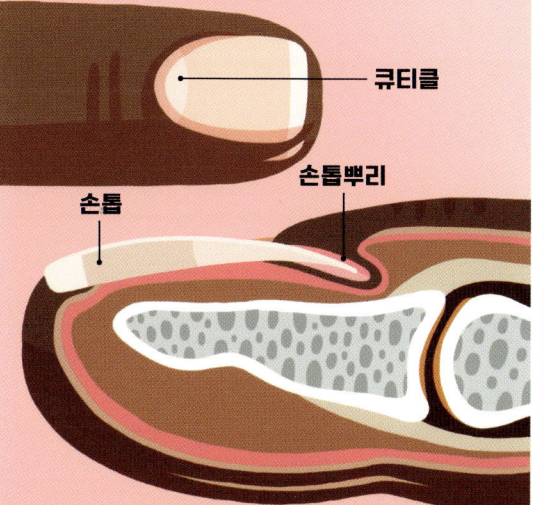

손톱

손톱뿌리

지문

지문은 손가락 끝부분 피부에 있는 곡선 무늬입니다. 나와 정확히 똑같은 지문을 가진 사람은 세상에 단 한 명도 없어요. 심지어 일란성 쌍둥이도요.

어떤 휴대폰에는 지문을 스캔해서 저장하는 센서가 있어요. 휴대폰 잠금을 풀거나, 결제, 로그인을 할 때 암호 역할을 하지요.

인체의 본부

여러분 머릿속엔 이 세상에서 가장 강력한 컴퓨터가 숨어 있다는 거 알고 있나요? 바로 뇌 말이에요. 뇌는 여러분의 모든 걸 관리해요. 심장이 뛰고, 숨을 쉬고, 움직이고, 생각하고, 꿈꾸고, 무엇보다 판단하는 것까지 모두 가능하게 해주죠.

뇌에 관한 더 정확하고 자세한 정보

1. 뇌의 무게는 대략 1.4kg으로 토스터 두 조각 무게와 비슷해요.
2. 뇌의 60%는 지방으로 이루어져 있어요.
3. 여러분의 뇌는 종종 깨어 있을 때보다 잠들었을 때 더 활발할 수 있어요.
4. 뇌의 저장 능력은 그 한계가 없어요.
5. 뇌는 고통을 느낄 수 없어요.

뉴런
뉴런이라 불리는 신경 세포는 뇌의 가장 기본 단위입니다. 우리를 살아있게 하고 사람으로서 기능하게 하는 뇌와 신경계의 모든 신호를 뉴런이 전달하지요.

뇌는 체중의 2% 밖에 되지 않지만 총 에너지의 20%를 소모합니다.

혈액뇌관문
몸의 다른 부위와 마찬가지로 뇌도 혈관으로 영양을 공급받아요. 혈액에서 뇌로 꼭 필요한 물질만 전달되도록 하고, 독성이나 박테리아 같은 해로운 것들은 중간에서 막아주지요.

전두엽
생각, 언어, 운동을 관리하는 부위에요.

반쪽과 반쪽
뇌는 좌반구, 우반구 둘로 나뉘어져 있어요. 우반구는 몸의 왼쪽을, 좌반구는 몸의 오른쪽을 통제합니다.

좌반구 / 우반구 / 뇌량

두 반구는 뇌량을 통해 정보를 주고받아요.

대뇌는 뇌의 가장 중심이 되는 곳으로 각기 역할이 다른 네 개의 엽으로 나뉘어져 있어요.

두정엽
감각, 맛, 고통 등을 통제해요.

측두엽
청각, 기억, 감정 등을 다뤄요.

후두엽
시각과 인지를 관리해요.

소뇌
균형과 자발적인 운동을 담당해요.

뇌간
숨쉬기나 호흡, 삼키기 같은 반사 행동을 담당해요.

두개골 / 대뇌피질 / 전두엽 / 두정엽 / 측두엽 / 후두엽 / 뇌간 / 소뇌 / 척수

18 인체의 본부

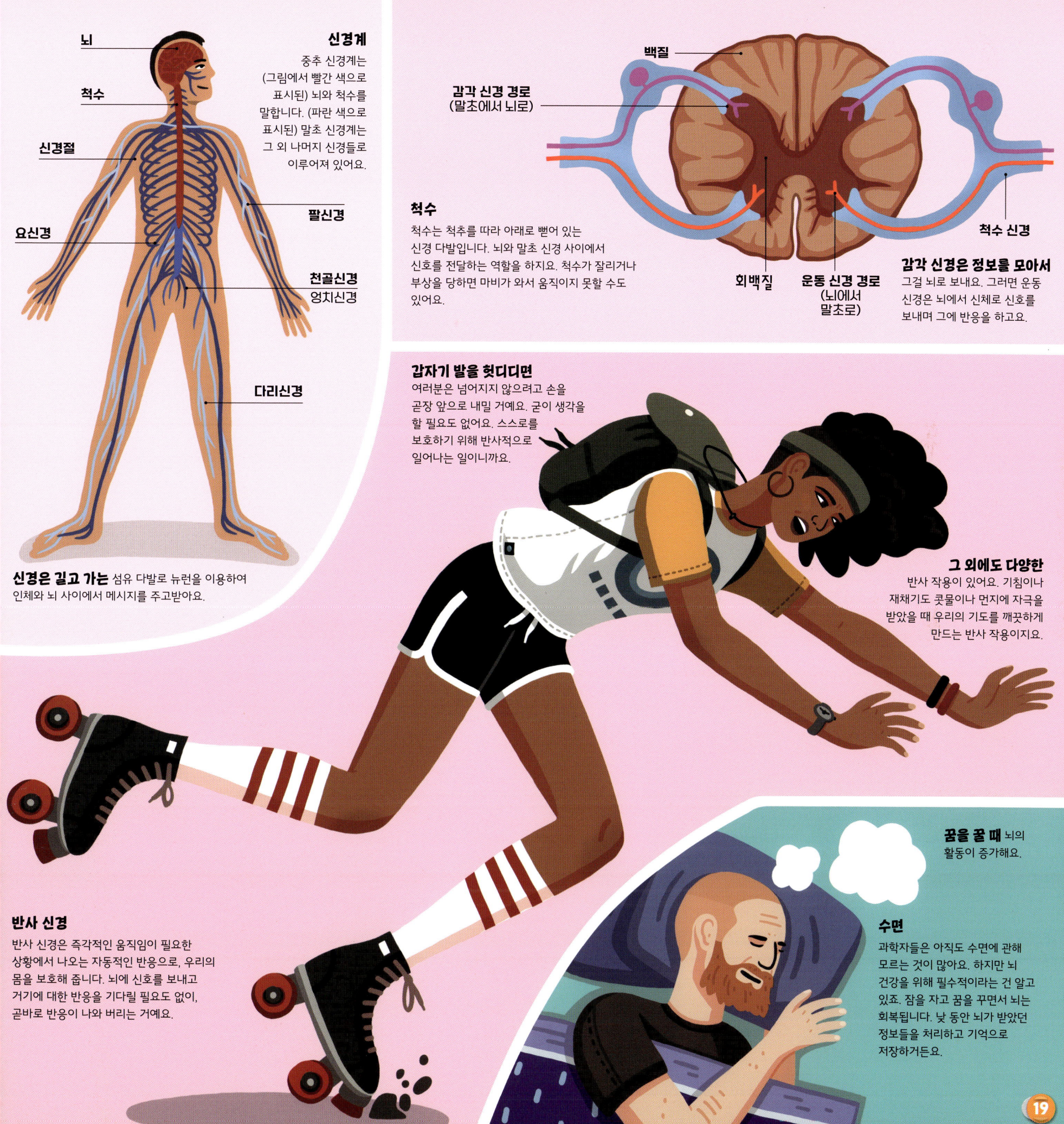

시각과 청각

여러분의 머리에는 강력하지만 미세하게 조정이 되는 장치가 두 가지 있어요. 바로 눈과 귀죠. 눈은 아주 작은 카메라처럼 끊임없이 정보를 모아 재빠르게 뇌로 보내기 때문에 우리가 앞을 볼 수 있어요. 한편 귀가 음파를 수집하여 신경 신호로 바꾸면, 뇌는 그것을 전달 받아 다시 소리로 해독하지요.

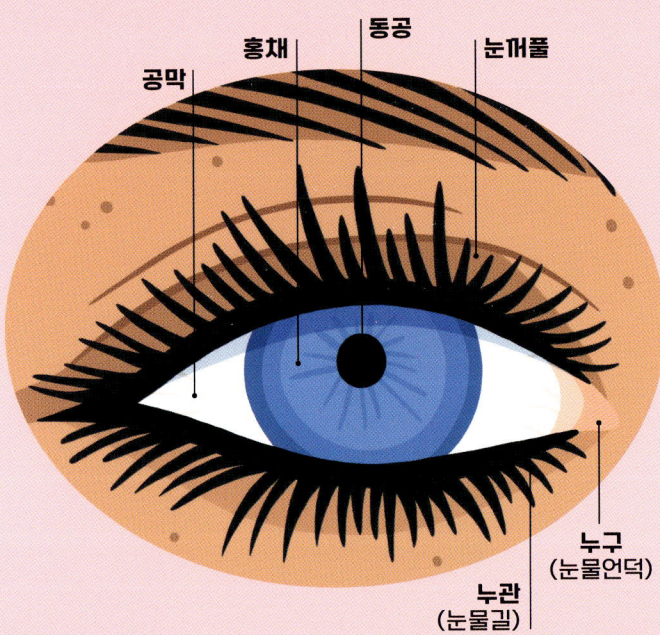

공막 / **홍채** / **동공** / **눈꺼풀**

누구 (눈물언덕)
누관 (눈물길)

눈

눈은 탁구공 크기 정도이며 두개골에 있는 특별한 구멍 속에 자리 잡고 있어요. 그래서 밖에서 보면 안구의 6분의 1밖에 안 보이죠. 눈꺼풀이 1분에 몇 차례씩 깜빡여서 눈을 깨끗하고 촉촉하게 유지시켜 줘요.

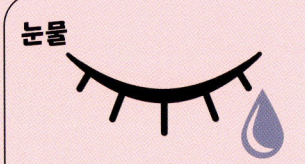

눈물

눈물은 소금기 있는 물로 이루어져 있어요. 눈을 건강하게 유지하고 선명하게 보이도록 도와줍니다. 매년 여러분의 눈에서는 56~112 리터의 눈물이 만들어져요.

눈은 어떻게 작동하나요

빛은 눈의 투명한 바깥층, 즉 각막과 만납니다. 그 일부는 동공으로 들어가고요. 홍채는 얼마나 많은 빛이 동공으로 들어올지를 조절하는 역할을 합니다. 이제 빛은 수정체를 통과하여 망막으로 전달됩니다. 망막에 있는 특수한 세포는 빛을 신경 신호로 바꿔 뇌로 보내요.

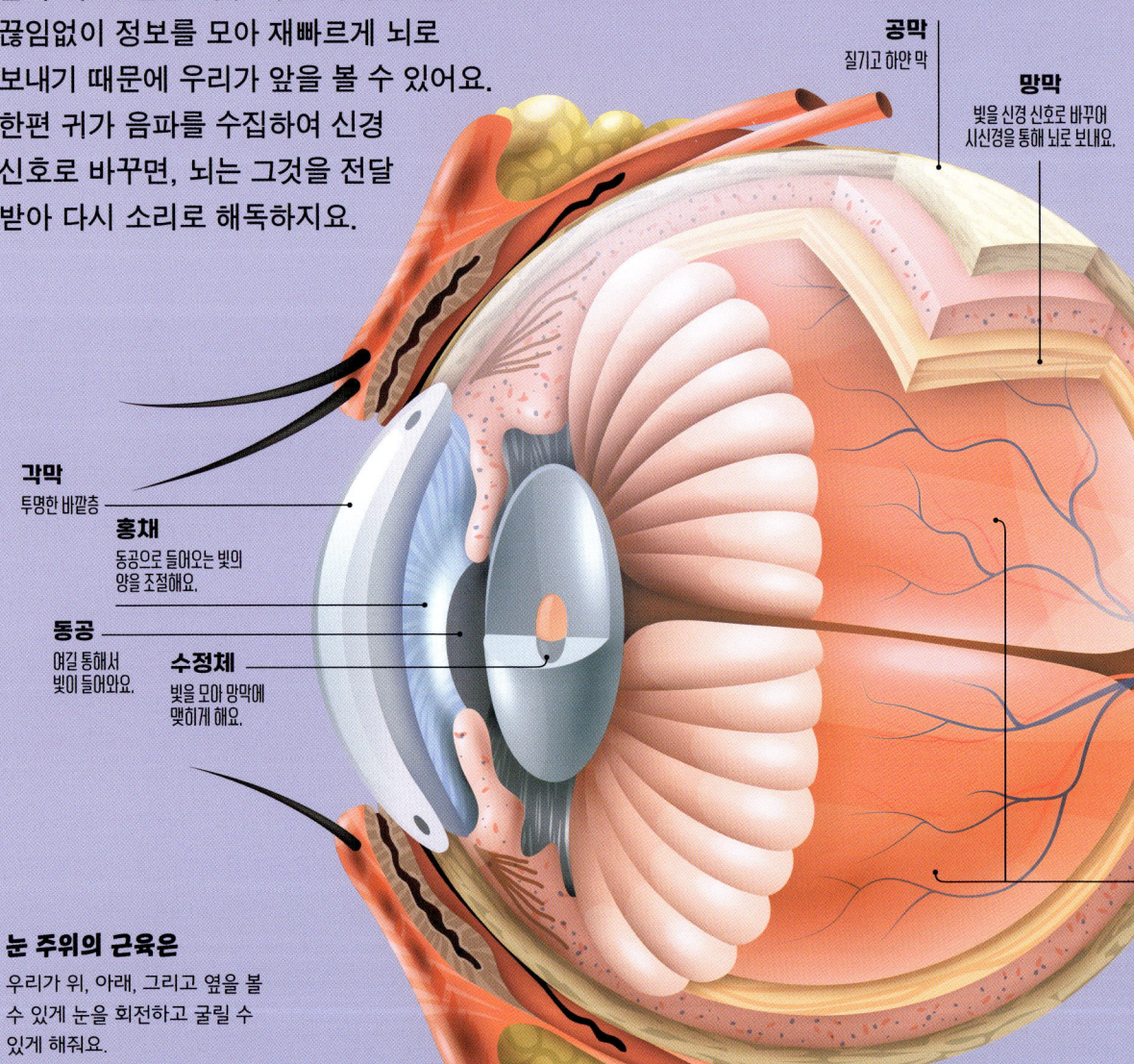

공막 – 질기고 하얀 막
망막 – 빛을 신경 신호로 바꾸어 시신경을 통해 뇌로 보내요.
각막 – 투명한 바깥층
홍채 – 동공으로 들어오는 빛의 양을 조절해요.
동공 – 이 길 통해서 빛이 들어와요.
수정체 – 빛을 모아 망막에 맺히게 해요.

눈 주위의 근육은

우리가 위, 아래, 그리고 옆을 볼 수 있게 눈을 회전하고 굴릴 수 있게 해줘요.

시각피질 – 망막에서 전달된 정보를 처리하는 부분이에요.
시신경
눈

뒤집혀진 시야

빛이 각막을 통과하여 수정체에 의해 굴절되면 망막에는 거꾸로 된 상이 맺히고, 이것은 그대로 뇌로 전달됩니다. 하지만 다행히 뇌는 그것을 뒤집어 볼 줄 알기 때문에 우리도 천장을 걷지 않아도 되는 거예요.

눈에 관한 더 정확하고 자세한 정보

1. 인간의 눈에는 약 2백만 개의 작동 부위가 있어요.
2. 그들은 약 천만 가지의 서로 다른 색깔을 구분해요.
3. 뇌는 인간의 눈보다 더 복잡한 유일한 기관이에요.
4. 홍채는 개인을 식별할 수 있는 특징점이 256개 있어요. 지문은 겨우 40개인데 말이죠.
5. 안구의 무게는 약 28그램입니다.

시력에 문제가 있으면

안경으로 교정할 수 있어요. 눈 밖에 수정체 역할을 하는 렌즈를 둠으로써 망막에 상이 정확히 맺히도록 하는 거죠.

귀에 관한 더 정확하고 자세한 정보

1. 귀지는 귀를 보호해주고 깨끗하게 유지시키는 데 도움을 줘요.
2. 달팽이관에는 진동을 신경 신호로 바꾸어 뇌에 전달하는 아주 작은 털이 16,000개 있어요.
3. 아주 시끄러운 소음에 단 한 번만 노출되어도 청력에 영구적인 손상이 올 수 있어요.
4. 인체에서 가장 작은 뼈는 귀 속에 있답니다.
5. 시끄러운 소리는 청력 손실의 가장 흔한 원인이지만 예방도 가능하지요.

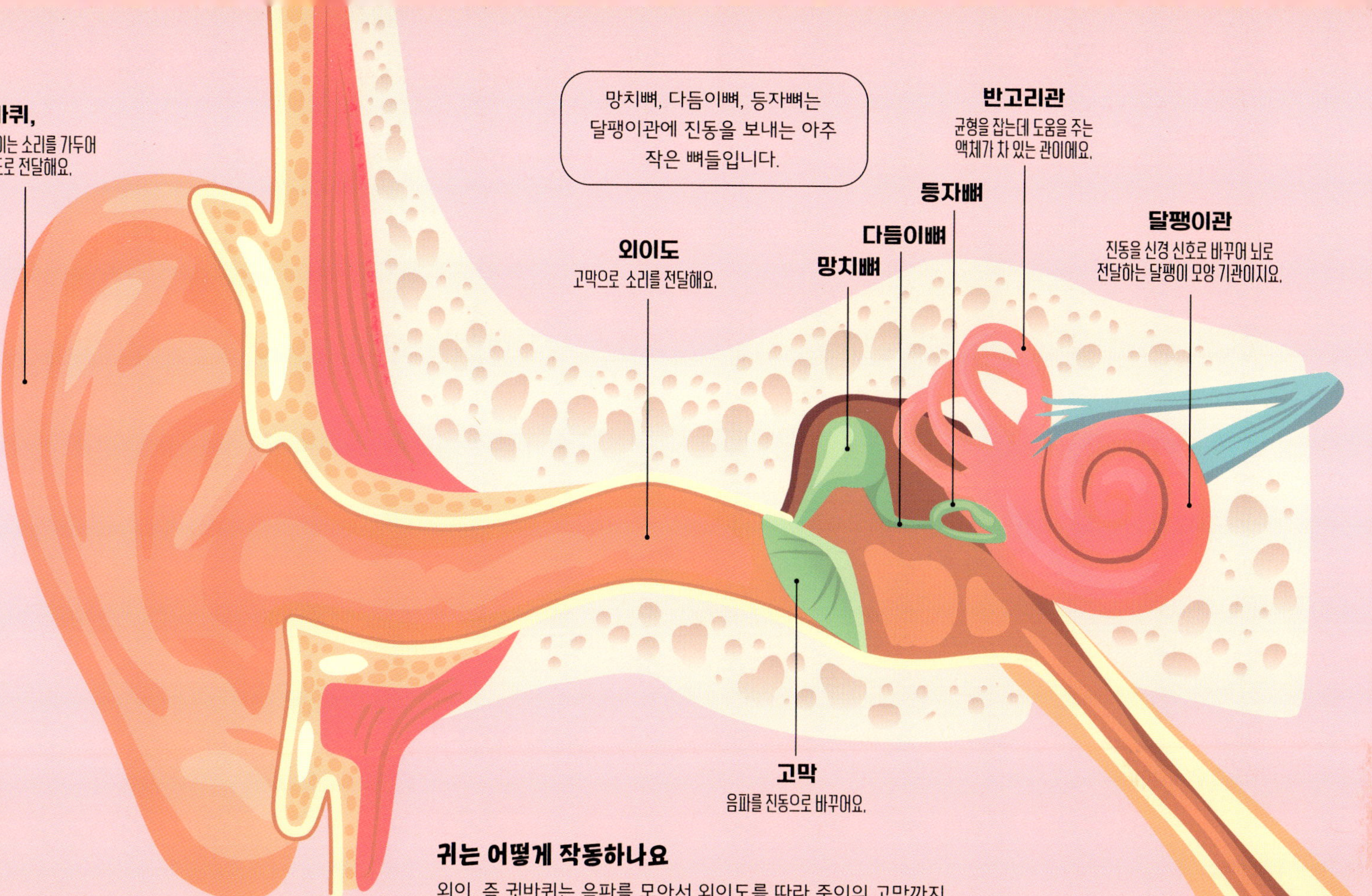

귓바퀴, 즉 외이는 소리를 가두어 외이도로 전달해요.

망치뼈, 다듬이뼈, 등자뼈는 달팽이관에 진동을 보내는 아주 작은 뼈들입니다.

반고리관 균형을 잡는데 도움을 주는 액체가 차 있는 관이에요.

외이도 고막으로 소리를 전달해요.

망치뼈

다듬이뼈

등자뼈

달팽이관 진동을 신경 신호로 바꾸어 뇌로 전달하는 달팽이 모양 기관이지요.

고막 음파를 진동으로 바꾸어요.

귀는 어떻게 작동하나요

외이, 즉 귓바퀴는 음파를 모아서 외이도를 따라 중이의 고막까지 음파를 보냅니다. 그러면 고막은 음파를 진동으로 바꾸어 세 개의 작은 뼈들을 움직이고, 이 진동이 내이에 있는 달팽이관으로 전달되지요. 달팽이관은 뇌가 해석할 수 있는 신경 정보를 만들어내는 곳이며 이 안에는 움직이는 작은 털이 늘어서 있어요.

여러분의 귀 신경은 결코 일을 멈추지 않아요. 심지어 자고 있을 때도 계속해서 정보를 뇌로 보내고 있지요.

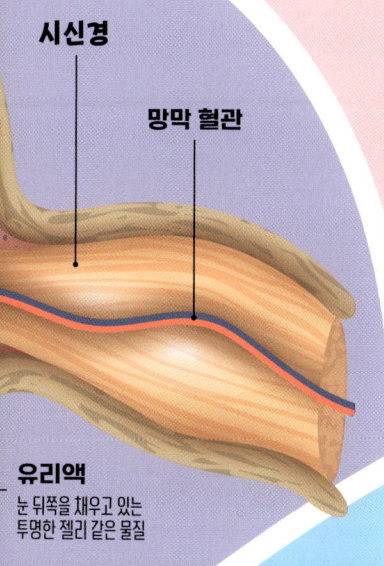

시신경

망막 혈관

유리액 눈 뒤쪽을 채우고 있는 투명한 젤리 같은 물질

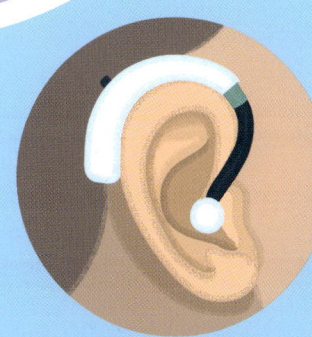

불편한 게 있다면

눈과 귀는 매우 복잡한 부위이기 때문에 약간씩 도움이 필요할 때가 있어요. 청력에 약간의 문제가 있으면 보청기의 도움을 받을 수 있어요. 좀 더 심각한 문제라면 수술로 치료를 받을 수 있고요.

어질어질

놀이동산에서 기구를 타고 어지러움을 느껴본 적 있나요? 놀이기구에서 내렸기 때문에 눈은 뇌에게 멈췄다는 정보를 보내지만 내이 속의 액체는 계속 움직이기 때문에 발생하는 현상이에요. 정신이 없고 기분이 이상하죠!

균형

균형 감각 덕분에 여러분은 넘어지지 않고 움직일 수 있어요. 달팽이관 옆에는 액체로 차 있는 세 개의 관, 반고리관이 있어요. 여러분이 움직일 때 이 관 안의 액체가 출렁이면서 뇌에 신호를 보내면, 뇌는 균형을 유지하려고 노력을 하게 되지요.

귀를 보호하려면

귀는 아주 정밀한 기관이며 쉽게 손상을 입을 수 있어요. 추락, 스포츠로 인한 부상, 시끄러운 소음은 영구적인 손상을 일으킬 수 있어요. 큰 소리의 음악이나 소음은 내이에 있는 신경이나 작은 털을 손상시킬 수 있기 때문에 늘 음량을 줄이는 게 좋아요.

어떤 느낌?

촉각은 주로 피부에서 느껴져요. 수백만 개의 작은 감지기인 수용기가 피부에 있거든요. 수용기는 신경 자극을 뇌로 보냄으로써 손길에 반응해요.

촉각은 부모와 자녀 사이의 유대감을 형성시켜요.

감각적이군!

미각과 후각은 긴밀하게 연결되어 있어요. 뇌는 대부분 맛을 구분하기 위해서 냄새와 맛 정보를 동시에 필요로 하거든요. 촉각은 피부와 인체의 다른 부위에 있는 수백만 개의 작은 수용기에서 변화를 감지하여 그 신호를 뇌로 보냅니다.

촉각에 관한 더 정확하고 자세한 정보

1. 피부에는 5백만 개의 촉각 수용기가 있어요.
2. 포옹을 하면 엔돌핀(기분을 좋게 만드는 화학물질)이 나와 스트레스와 통증을 줄여줘요.
3. 개나 고양이를 쓰다듬는 것도 포옹과 같은 효과가 나와요.
4. 손끝에는 몸의 다른 어떤 부위보다 수용기가 더 많이 있습니다.
5. 촉각을 잃은 그런 상황을 한 마디로 설명할 이름은 따로 없어요.

피부의 감각 수용기는 각기 다른 층에 묻혀 있으면서 각기 다른 것들을 느끼도록 도와줘요. 어떤 것들은 통증, 뜨거움과 차가움을 느끼도록 하고, 또 어떤 것들은 압력과 촉각을 느끼게 하죠.

피부의 감지기

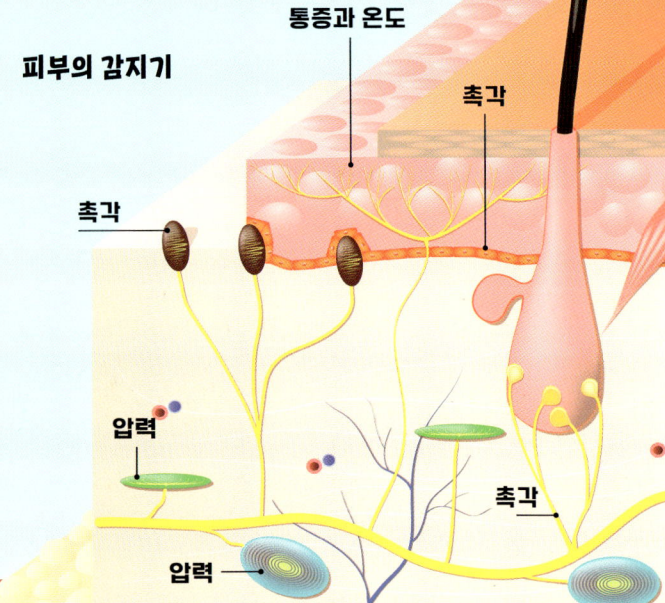

통증과 온도 / 촉각 / 촉각 / 압력 / 촉각 / 압력

기본적인 맛

기본적인 맛에는 짠 맛, 신 맛, 단 맛, 쓴 맛, 감칠맛이 포함되고, 그 외에 쏘는 맛(매운 맛)과 떫은 맛도 맛의 종류로 포함되기도 해요. 우리는 혀를 이용해 음식의 무게와 젖은 정도뿐만 아니라 온도까지 분간할 수 있어요. 문제는 우리가 이 정보를 각기 다르게 처리한다는 거예요. 누군가에게는 너무 맛있는 음식이 누군가에게는 너무 끔찍한 이유가 이런 것이죠.

쓴 맛 / 신 맛 / 감칠맛 / 짠 맛 / 단 맛

고수는 많은 사람들이 즐겨 먹는 허브입니다. 하지만 어떤 이들은 고수에서 비누 맛이 난다고 해요. 그들 혀에 있는 미뢰가 고수에 있는 특별한 화학물질 맛을 감지할 수 있기 때문이에요.

고수

미각

혀에는 수천 개의 수용기 세포가 있고 이것들이 미뢰라는 이름으로 함께 뭉쳐져 있어요. 미뢰는 음식의 화학물질을 감지합니다. 그리고 이 신호를 뇌로 보내면, 뇌는 냄새 정보까지 함께 조합하여 미각을 만들어 냅니다.

혀 유두

미세융모 - 맛을 감지하는 작은 털
미공

혀에 있는 조그만 혹들을 혀 유두라 불러요. 이것들은 음식을 미끄러지지 않게 잡아주고, 일부 혀 유두에는 미뢰가 포함되어 있어요.

미뢰는 맛을 느낄 수 있는 세포들이 서로 모여 있는 거예요.

신경 섬유가 뇌로 신호를 보내요.

미뢰

미각에 관한 더 정확하고 자세한 정보

1. 미뢰의 개수는 사람에 따라 차이가 아주 커요.
2. 미뢰는 나이가 들수록 예민함이 줄어들어요.
3. 대부분의 미뢰는 혀 위에 있지만 입 안이나 목, 코에 있기도 해요.
4. 혀는 여덟 개의 근육으로 이루어져 있으며 코끼리의 코처럼 근육끼리 서로 엉켜 있어요.

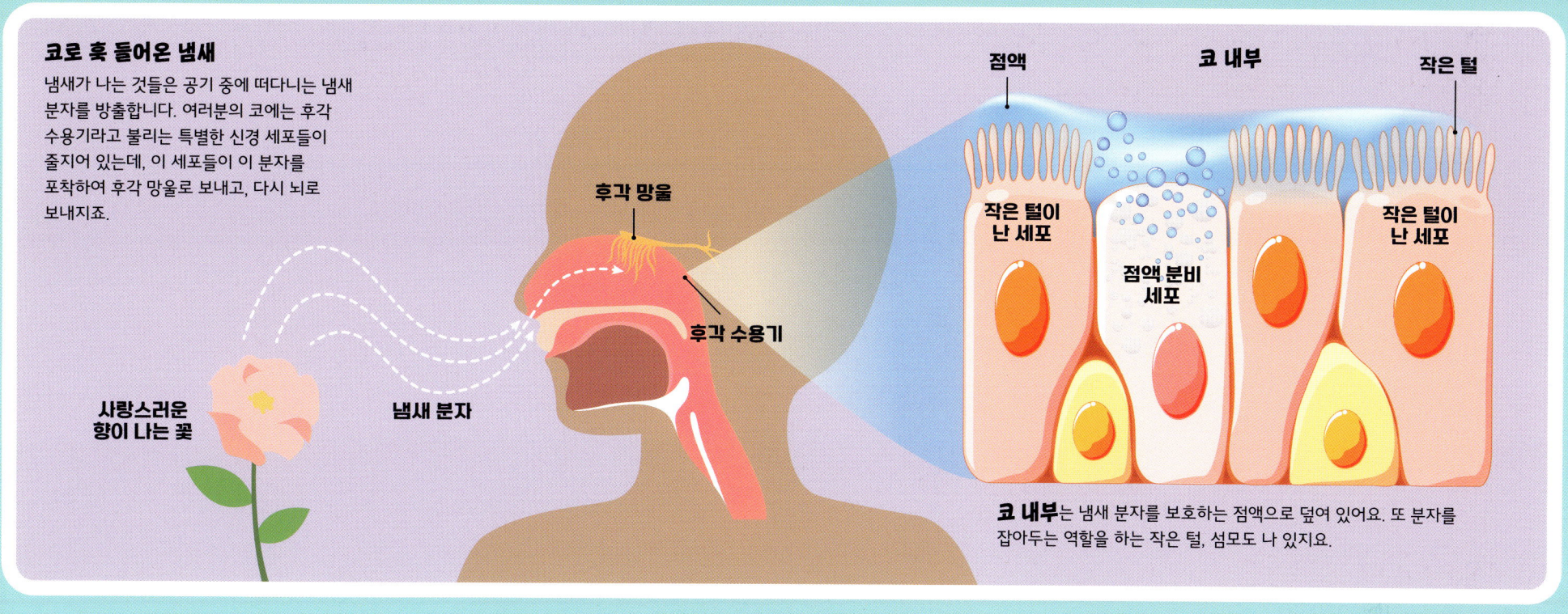

코로 훅 들어온 냄새

냄새가 나는 것들은 공기 중에 떠다니는 냄새 분자를 방출합니다. 여러분의 코에는 후각 수용기라고 불리는 특별한 신경 세포들이 줄지어 있는데, 이 세포들이 이 분자를 포착하여 후각 망울로 보내고, 다시 뇌로 보내지죠.

코 내부는 냄새 분자를 보호하는 점액으로 덮여 있어요. 또 분자를 잡아두는 역할을 하는 작은 털, 섬모도 나 있지요.

음식 맛의 80%는 후각이 차지해요. 감기에 걸려 코가 막히면 맛을 느끼지 못하는 것도 이 때문이죠.

후각에 관한 더 정확하고 자세한 정보

1. 인간의 코는 1조 가지의 향을 구분할 수 있어요.
2. 각각의 사람은 서로 다른 체취를 가지고 있어요.
3. 냄새를 맡지 못하는 것을 후각 상실이라고 불러요.
4. 여자가 남자보다 후각이 더 좋아요. 후각 망울에 세포가 더 많기 때문이죠.
5. 사람에겐 냄새를 감지하는 세포가 5~6백만 개 있어요. 개는 2억 2천만 개고요.

> 싱싱한 생선에는 악취가 나지 않아요. 이건 썩은 거예요!

> 냄새를 맡는 감각은 전문 용어로 후각이에요.

경고!

여러분의 후각과 미각은 좋은 냄새와 맛뿐만 아니라 나쁜 것들도 같이 감지할 수 있어요. 그리고 이것은 경고 시스템의 역할을 합니다. 사람은 자연스레 안 좋은 냄새가 나는 것을 피하려 합니다. 그러면 독이 있거나 상한 것을 피할 수 있기 때문에 우리에게 이득인 거죠.

오른쪽에서는, 산소가 부족한 혈액이 폐로 보내져요. 왼쪽에서는 산소가 풍부한 혈액이 심장에서부터 온몸으로 운반되고요.

심장은 어떻게 작동하나요

심장에는 근육과 혈관이 복잡하게 얽혀 있어요. 몸에서 끌어온 혈액은 폐로 보내 이산화탄소를 떨어뜨리고 (이 이산화탄소는 숨을 내뱉을 때 나와요) 산소를 얻어요. 폐는 산소가 풍부한 혈액을 다시 심장으로 보내고, 심장은 이 혈액을 온 몸으로 펌프질 하지요.

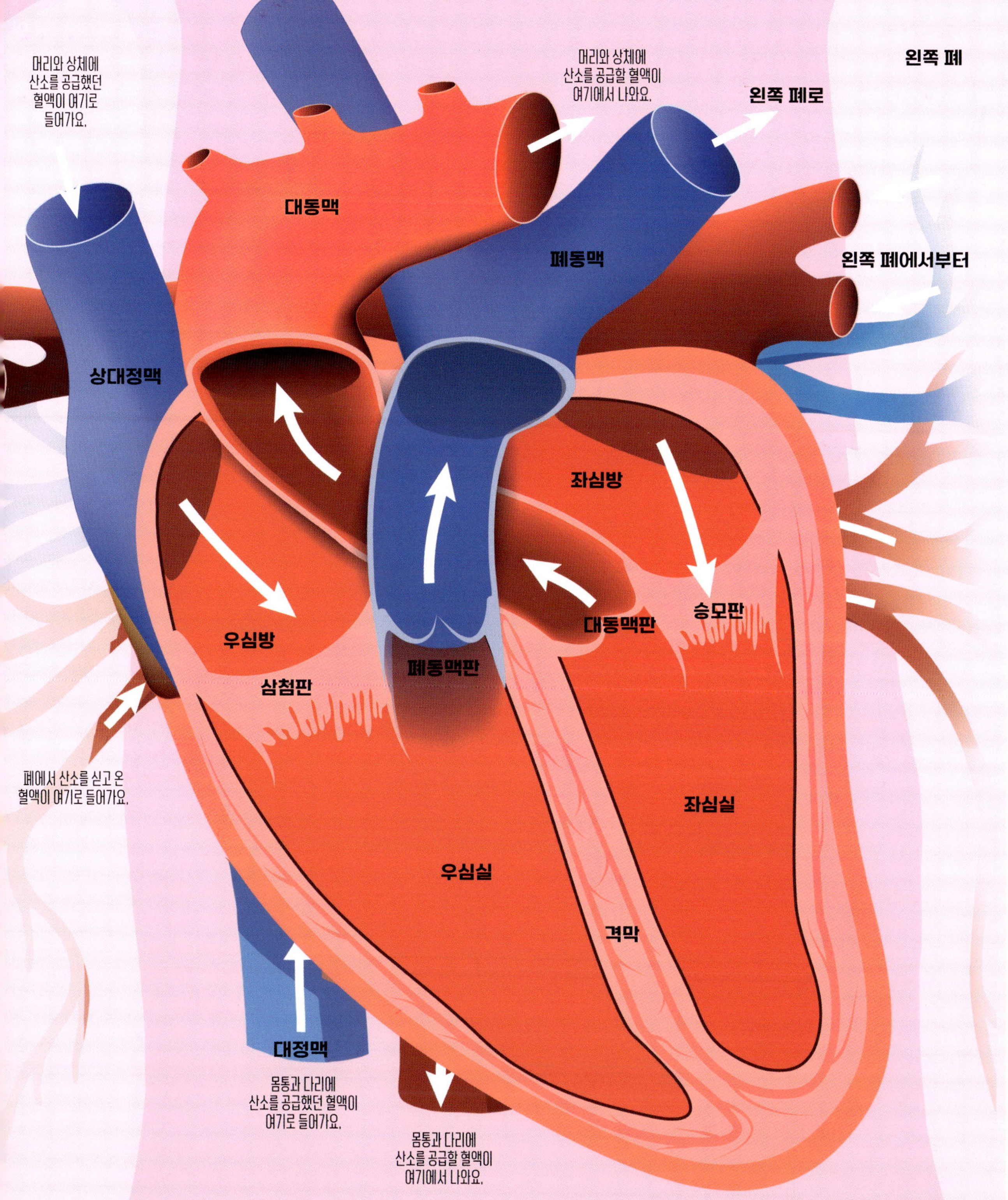

오른쪽 폐로

머리와 상체에 산소를 공급했던 혈액이 여기로 들어가요.

머리와 상체에 산소를 공급할 혈액이 여기에서 나와요.

왼쪽 폐

왼쪽 폐로

왼쪽 폐에서부터

대동맥

폐동맥

상대정맥

좌심방

우심방

대동맥판

승모판

삼첨판

폐동맥판

좌심실

우심실

격막

폐에서 산소를 싣고 온 혈액이 여기로 들어가요.

대정맥

몸통과 다리에 산소를 공급했던 혈액이 여기로 들어가요.

몸통과 다리에 산소를 공급할 혈액이 여기에서 나와요.

혈액은 맨 처음 위쪽 심방으로 들어갑니다. 심방이 수축하면 혈액은 판막을 통해 심실이라 불리는 중심 방으로 보내집니다.

이때 혈액이 역류하지 않도록 판막은 다시 닫혀요. 심실이 수축하면 혈액은 두 개 이상의 판막을 통과해 심장에서 빠져나갑니다.

심장 근육은 여러분이 살아있는 한 자동적으로 쉼 없이 일을 하고, 절대 멈추지 않는답니다.

제세동기는 운동을 멈춘 심장에 전기 충격을 가하는 기계예요. 생명을 살릴 수 있지요!

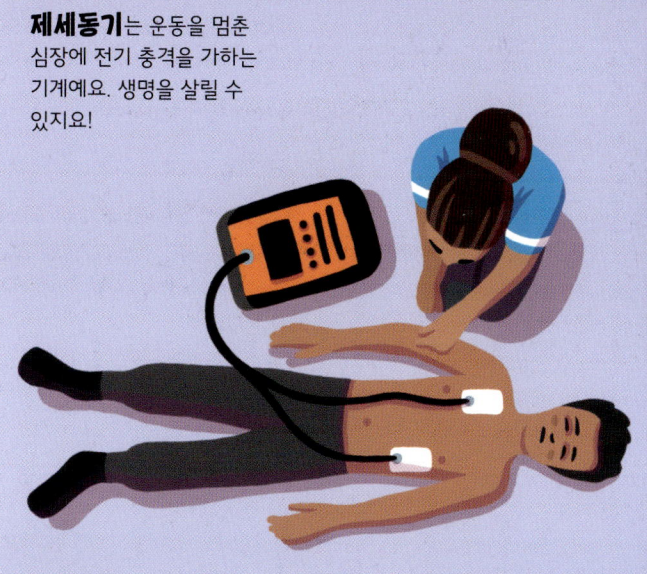

심장 마비

심장이 갑자기 박동을 멈추었을 때를 심장 마비 또는 심박 정지라고 불러요. 매우 위험한 문제이지만 도울 수 있는 방법이 있어요. 그 중 하나가 심폐소생술, CPR을 하는 거예요. 빠르게 심장을 압박하면 전문적인 의료인이 도착할 때까지 생명을 유지시켜 줄 수 있어요.

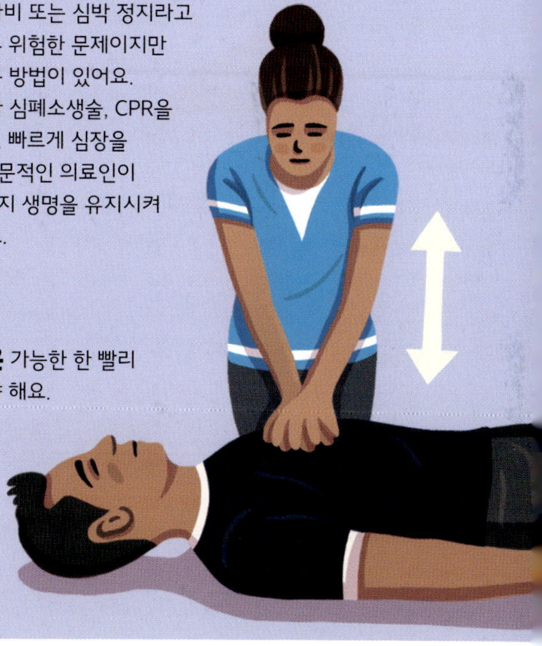

CPR은 가능한 한 빨리 시행해야 해요.

심장 이식

심장이 심각하게 손상을 입었을 경우에는 심장 이식을 할 수 있어요. 최근에 사망한 기증자로부터 새로운 심장을 받으면 외과 의사들이 오랜 수술을 통해 새로운 심장을 가슴에 이식시켜줍니다.

과학자들은 인공 심장을 개발하고 있어요. 언젠가는 인공 심장이 심장 이식을 기다리는 환자들을 도울 수 있을 거예요.

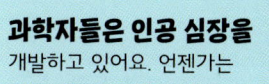

너무나 똑똑한 혈액

혈액은 정맥과 동맥을 통해 몸 곳곳을 돌아다니며 세포에 소중한 산소와 영양분을 운반해 줍니다. 몸에서 배출한 이산화탄소와 노폐물을 수거하기도 하고요.

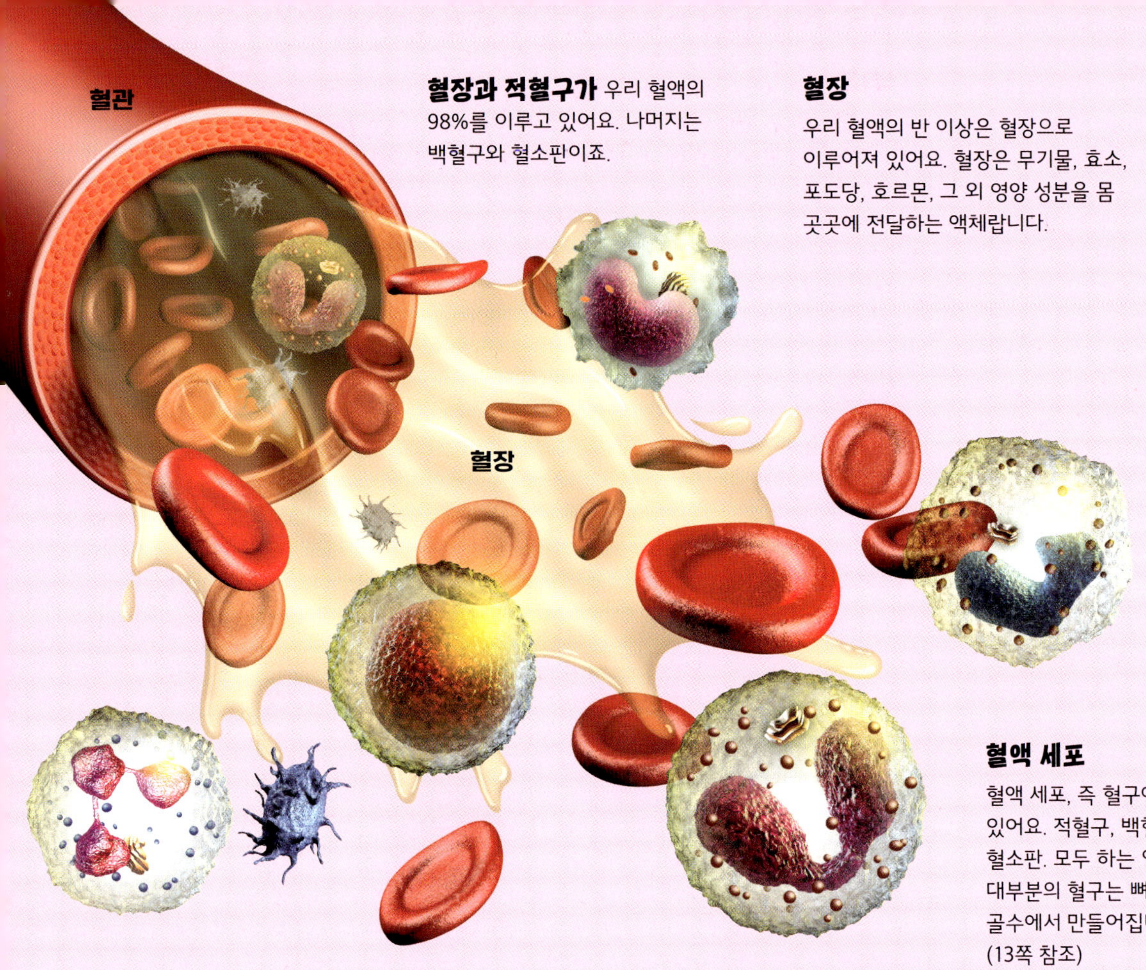

혈관

혈장과 적혈구가 우리 혈액의 98%를 이루고 있어요. 나머지는 백혈구와 혈소판이죠.

혈장 우리 혈액의 반 이상은 혈장으로 이루어져 있어요. 혈장은 무기물, 효소, 포도당, 호르몬, 그 외 영양 성분을 몸 곳곳에 전달하는 액체랍니다.

혈소판은 색이 없는 세포로 혈액의 응고를 돕습니다. 상처가 났을 때 과다 출혈로 죽지 않게 막아주는 거죠.

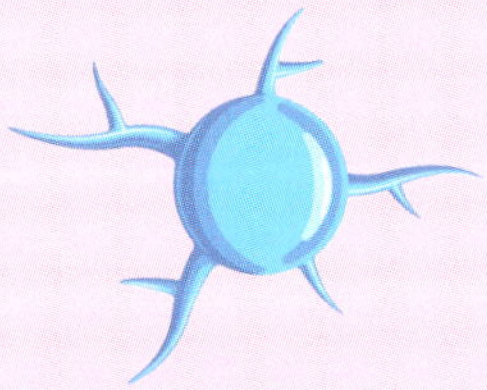

혈소판

혈액 세포 혈액 세포, 즉 혈구에는 세 종류가 있어요. 적혈구, 백혈구 그리고 혈소판. 모두 하는 일이 달라요. 대부분의 혈구는 뼈 안에 있는 골수에서 만들어집니다. (13쪽 참조)

적혈구는 몸 곳곳에 산소를 운반해요. 그리고 이산화탄소를 수거해 폐로 보내죠. 성숙한 적혈구에는 핵이 없어요. 그래서 그만큼 산소를 더 많이 운반할 수 있지요.

적혈구

백혈구는 여러분을 아프게 만드는 세균과 싸웁니다. 적혈구보다 크기도 크고 종류도 여러 가지예요. 백혈구는 혈액에 있는 박테리아, 바이러스, 암세포, 이물질 등을 찾아내서 파괴합니다.

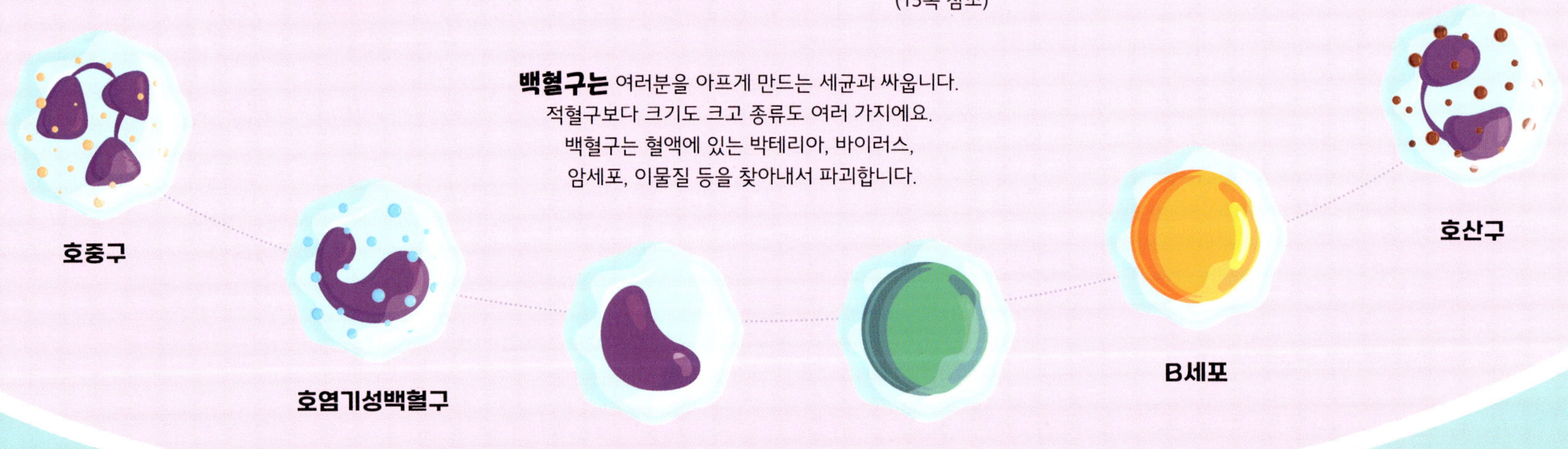

호중구 · 호염기성백혈구 · 단핵구 · T세포 · B세포 · 호산구

혈액형
모두의 혈액이 같지는 않아요. 혈액형은 크게 네 가지로 나눌 수 있어요. 자신의 혈액형을 아는 것은 중요합니다. 응급 상황이 발생해 수혈이 필요할 수도 있으니까요. 혈액형이 같지 않은 피를 수혈받으면 큰 문제가 생길 수 있어요.

적혈구는 표면에 항원이라고 불리는 표지를 가지고 있어요. 의사들은 여러분의 적혈구를 보고 당신이 어떤 항원을 가지고 있는지, 그래서 어떤 혈액형인지 알아냅니다. O형이 가장 흔하고 AB형이 가장 적어요.

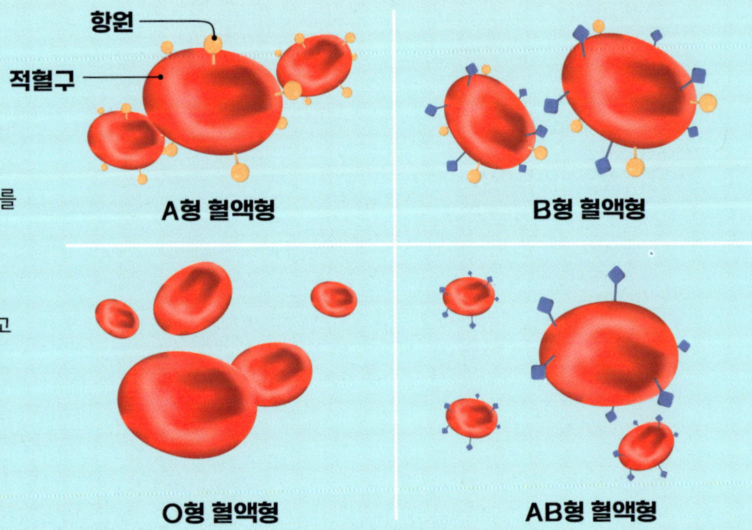

항원 · 적혈구

A형 혈액형 · B형 혈액형 · O형 혈액형 · AB형 혈액형

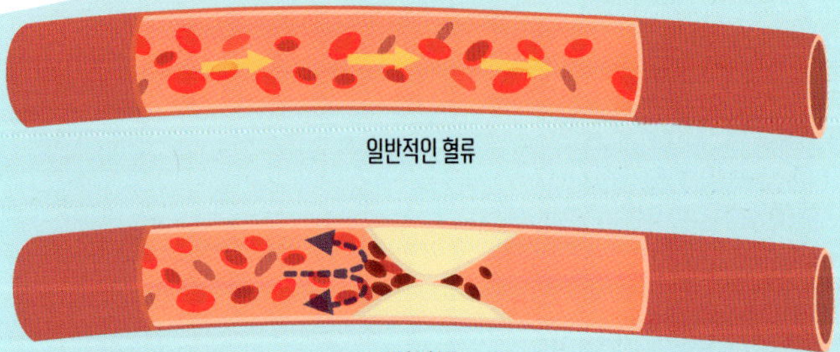

일반적인 혈류 · 막힌 혈류

혈관 막힘
정맥과 동맥의 벽은 연약해서 다치기 쉬워요. 그러면 혈소판이 다친 부위에 달라붙어 손상된 곳을 고칩니다. 혈액 속에 콜레스테롤이 많은 사람은 문제 부위에 콜레스테롤도 달라붙을 수 있어요. 그러면 혈관이 좁아지고 아예 막혀버릴 수도 있죠. 심장에 혈액을 공급하는 동맥이 막히면 심장 마비가 올 수도 있어요. 만약 의사가 제때 이걸 발견한다면 막힌 부위를 제거할 수 있습니다.

26 너무나 똑똑한 혈액

순환계

심장을 나온 혈액은 동맥을 통해 몸 곳곳으로 이동해요. 그리고 산소, 영양 성분, 호르몬을 세포에 전달해 주지요. 다시 심장으로 돌아오는 혈액은 폐, 간, 신장에서 배출된 노폐물과 이산화탄소를 가지고 와요. 이 모든 혈관과 혈액의 움직임을 통틀어 순환계라고 부릅니다.

동맥   정맥

모세혈관

모세혈관은 가장 작은 혈관으로 정맥과 동맥만큼 탄력이 있지 않아요. 얇은 단세포 벽으로 이루어져 있어 모세혈관 벽을 통해 산소와 영양분을 세포로 전달하거나, 이산화탄소와 노폐물을 다시 수거하기에 좋습니다.

세포 안에 있던 노폐물과 이산화탄소는 모세혈관의 얇은 벽을 통과한 다음 정맥으로 흘러들어가며 결국 폐로 이동된 뒤 몸에서 제거됩니다.

헌혈

건강한 성인은 다른 사람에게 혈액을 기부할 수 있으며, 헌혈은 생명을 구할 수 있어요. 예를 들어 레서스 질병을 치료하는 희귀 항체를 가진 남자는 헌혈을 통해 240만 명 아기들의 생명을 구했어요. 그의 혈액은 치료약을 만드는 데에도 사용되었고요. 그는 60년이 넘는 시간 동안 매주 한 번씩 헌혈을 했어요. 사람들은 그를 '황금팔을 가진 사나이'라고 불렀죠.

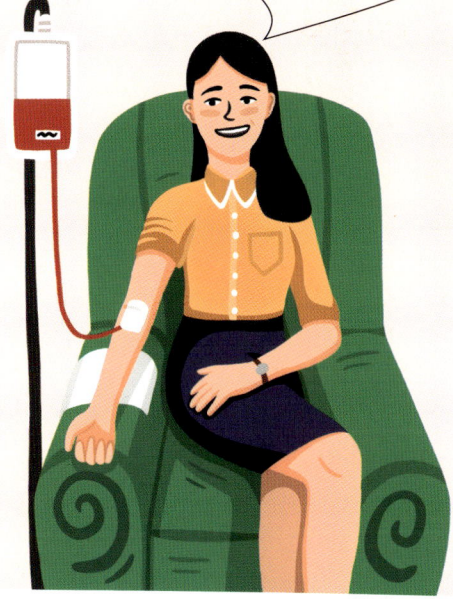

헌혈은 생명을 구할 수 있는 정말 멋진 방법이에요.

혈액에 관한 더 정확하고 자세한 정보

1. 몸속의 혈관을 모두 하나로 이으면 지구를 두 바퀴 반 감을 수 있어요.
2. 피 한 방울에는 1억 5천만 개의 적혈구, 25만 개의 백혈구, 1천만 개의 혈소판이 있어요.
3. 적혈구는 수명이 짧아요. 핵이 없어서 스스로를 고칠 수 없거든요.
4. 혈액은 체중의 약 8%를 차지해요.

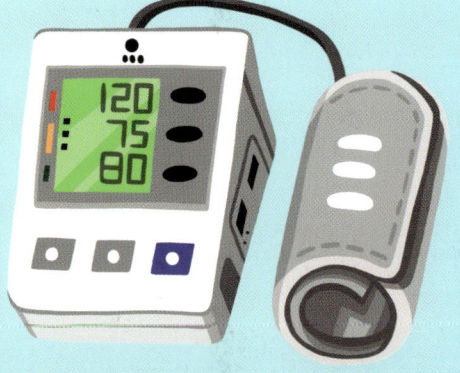

쉽고 빠르게

혈압을 측정할 수 있어요.

건강한 음식을 먹고 운동을 충분히 하면 적절한 혈압을 유지할 수 있어요.

혈압

혈액이 몸안의 혈관을 타고 흐를 때면 혈액은 혈관을 밀어내게 됩니다. 이 밀어내는 힘을 혈압이라고 불러요. 혈압이 너무 높으면 심장에 과한 부담을 주기 때문에 심장 마비나 뇌졸중이 생길 수 있어요.

생명을 살리는 호흡

인체의 모든 세포는 기능을 하기 위해 산소를 필요로 해요. 그리고 그 산소는 공기를 폐로 들이마셔서 얻을 수 있어요. 동시에 몸에서 만들어진 이산화탄소라는 노폐물은 숨을 내쉬어서 몸에서 제거해요. 공기는 폐 안에서 혈류의 일부가 되어 몸 곳곳으로 전달됩니다.

폐
폐는 심장 양쪽 빈 구멍에 자리를 잡고 있는데, 양쪽이 똑같지는 않아요. 오른쪽 폐는 3개의 폐엽으로 이루어져 있고, 왼쪽 폐는 10% 정도 작으며 폐엽이 2개예요. 심장이 가슴 한가운데가 아니라 살짝 왼쪽으로 치우쳐 있기 때문에 그래요.

공기는 코 안을 통과하며
따뜻해지고 코털이 기도를 자극할 수 있는 먼지나 이물질을 걸러냅니다.

호흡을 할 때마다
숨을 들이마시면 공기가 코와 입 그리고 기관을 통과하여 폐 위에 있는 작은 관, 기관지로 들어갑니다. 다음에는 세기관지라는 더 작은 관으로 이동한 뒤 마침내 허파꽈리(폐포)를 지나 혈액으로 넘어가게 되지요.

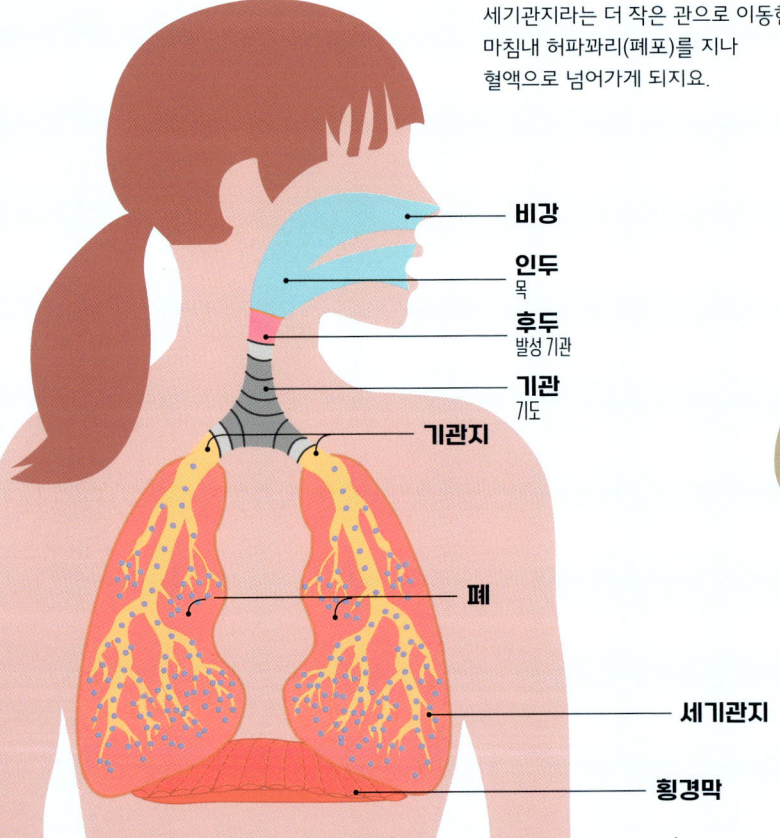

- 비강
- 인두 (목)
- 후두 (발성 기관)
- 기관 (기도)
- 기관지
- 폐
- 세기관지
- 횡경막

호흡
호흡은 폐 아래에 위치한 커다란 근육, 횡경막에 의해 제어가 됩니다. 숨을 들이마시면 횡경막이 수축하여 아래로 내려가요. 동시에 가슴 근육도 수축하면서 갈비뼈를 열어 공기가 더 들어올 수 있게 공간을 만듭니다. 숨을 내쉬면 횡경막과 가슴 근육도 긴장을 풀고요.

요가를 하면 천천히 그리고 깊이 호흡하는 법을 배울 수 있어요. 우리를 살아있게 하는 산소를 가능한 한 많이 들이마실 수 있게 되죠.

색소폰이나 클라리넷 같은 관악기를 연주하려면 호흡 기술이 좋아야 하며 폐도 잘 발달되어 있어야 해요.

폐에 관한 더 정확하고 자세한 정보

1. 폐는 물에 뜰 정도로 가벼워요. (몸 밖으로 꺼낼 수만 있다면...)
2. 매일 350ml의 수분이 호흡으로 배출돼요. 운동을 할 때는 그보다 더 많아지고요.
3. 폐 하나만으로도 살 수 있어요.
4. 대부분의 사람들은 30~60초 정도 숨을 참을 수 있어요.
5. 호흡을 하지 않고 4분이 지나면 영구적인 뇌 손상을 입을 수 있어요. 10분이 지나면 죽게 되고요.

폐 안에서는
폐로 들어온 공기는 세기관지라는 작은 통로를 지나요. 그 다음에는 허파꽈리라 불리는 조그만 스펀지 같은 공기주머니 무리로 들어가게 됩니다. 허파꽈리는 모세혈관이라는 아주 가는 혈관으로 둘러싸여 있어요. 모세혈관은 허파꽈리와 매우 가까이에 있기 때문에 산소와 이산화탄소가 자유롭게 오갈 수 있어요.

흡연
흡연은 폐에 할 수 있는 최악의 행동이에요. 흡연은 연약한 허파꽈리와 폐의 조직을 손상시키며 폐암이나 폐기종 같은 심각한 질병을 일으킬 수 있어요. 담배 연기에 포함된 독소가 혈류를 파고들면 몸 곳곳으로 이 독소가 퍼지기도 하지요.

담배 연기에 포함된 독소
중에는 끈적거리는 타르가 있어요. 몇 년 동안 흡연을 하면 타르 때문에 폐가 시커멓게 변해요.

건강한 폐 **검게 변한 폐**

세기관지

혈관

허파꽈리

폐는 매일 4컵 정도 분량의 점액을 만듭니다. 이 끈적거리는 점액은 세균과 먼지를 붙잡아서 폐가 깨끗하고 건강하게 유지될 수 있게 도와줘요.

후두에 있는 연골판 중 하나는 앞쪽으로 튀어나와 있어요. 남자의 경우 더 크고 눈에 띄지요.

후두융기
후두돌기, 울대뼈

후두
후두라는 발성기관은 기관 맨 위쪽에 자리 잡고 있어요. 연골판으로 이루어져 있으며 목소리를 낼 수 있게 해주는 곳이에요. 음식을 삼킬 때는 기도를 닫아서 음식물이 폐로 들어가지 않게 막아줍니다.

허파꽈리

폐 안쪽은 스펀지랑 비슷해요. 폐에는 3억 개가량의 허파꽈리가 있어요. 이 허파꽈리를 모두 펼치면 테니스 코트를 가득 채울 수 있대요!

모세혈관

산소는 안으로, 이산화탄소는 밖으로
허파꽈리의 산소는 모세혈관으로 들어간 후, 더 큰 정맥으로 들어가 온몸으로 운반됩니다. 동시에 모세혈관의 이산화탄소는 허파꽈리로 들어가 세기관지와 기도를 거쳐 입을 통해 밖으로 배출됩니다.

음식이 지나가는 곳

인체는 생명 유지를 위한 에너지를 만들어내기 위해 음식을 이용합니다. 입을 통해 몸속으로 들어간 음식은 최대 3일 동안 이어지는 여행을 시작하게 되지요. 이 시간 동안 음식은 영양소라고 불리는 화학 물질로 분해됩니다. 그리고 소화라는 과정을 통해 체내에 흡수되지요.

소화에 관한 더 정확하고 자세한 정보

1. 성인의 소화관은 입부터 항문까지 9m에 달해요.
2. 매년 여러분은 욕조를 가득 채울 수 있는 양의 침을 만들어냅니다.
3. 소화관에는 100조 마리가 넘는 박테리아, 바이러스, 균류가 살고 있어요.
4. 구불구불 주름진 소장을 모두 펼치면 테니스 코트를 가득 메울 수 있어요.
5. 여러분의 배는 언제나 꾸르륵 거리는 소리를 내고 있지만 뱃속이 비었을 때만 소리를 들을 수 있어요.

치아

치아는 소화 과정에서 매우 중요한 부분을 차지해요. 음식을 삼킬 수 있을 정도로 곱게 갈아주는 역할을 하니까요. 입에서 침과 섞여 부드럽고 미끌미끌해진 음식은 목구멍을 쉽게 통과할 수 있어요.

크기와 모양

치아는 하는 일에 따라 그 크기와 모양이 달라요.

앞니 — 입 앞쪽에 있는 날카로운 이로 음식을 베어 물어요.

송곳니 — 입 양쪽에 있는 뾰족한 이로 음식을 자르거나 베어 물어요.

작은 어금니와 어금니 — 입 안쪽에 있는 납작한 이로 음식을 부스러뜨리고 갈아요.

유치 (20개)

영구치 (32개)

태어나서 처음 갖게 되는 유치는 약 6개월 정도부터 자라기 시작해요. 유치는 어릴 때 차례대로 빠지고, 그 자리에 죽을 때까지 사용하는 영구치가 자라납니다.

치아의 내부

치아는 치관과 치근이라는 두 부위로 나뉘어요. 치관은 잇몸 밖으로 나와 있어서 볼 수 있는 부분이고, 치근은 잇몸 안에 숨어있지요. 앞니와 송곳니는 뿌리가 하나지만 작은 어금니와 어금니는 두 개를 가지고 있어요.

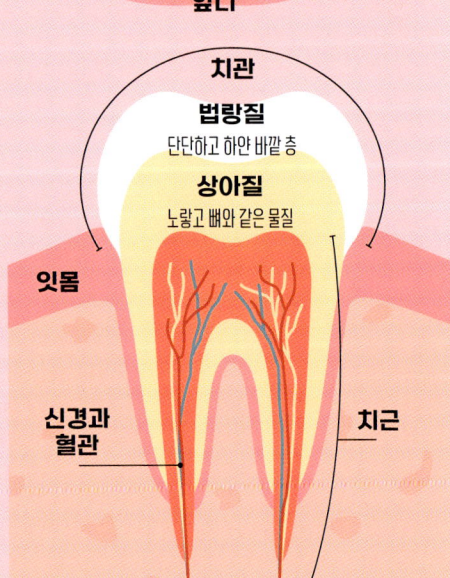

치관 / 법랑질 — 단단하고 하얀 바깥 층 / 상아질 — 노랗고 뼈와 같은 물질 / 잇몸 / 신경과 혈관 / 치근

소화 과정

소화는 크게 네 단계로 이루어집니다
1. 맨 처음 입에서는 치아가 음식을 부수고 삼키기 좋게 침과 섞어요.
2. 두 번째 위에서는 음식을 강력한 산으로 녹여 암죽 형태로 만들어요.
3. 세 번째 소장에서는 혈관을 통해 영양분이 흡수됩니다.
4. 네 번째 대장에서는 마지막 남은 영양분이 흡수되고, 폐기물은 단단하게 뭉쳐져 항문을 통해 배출됩니다.

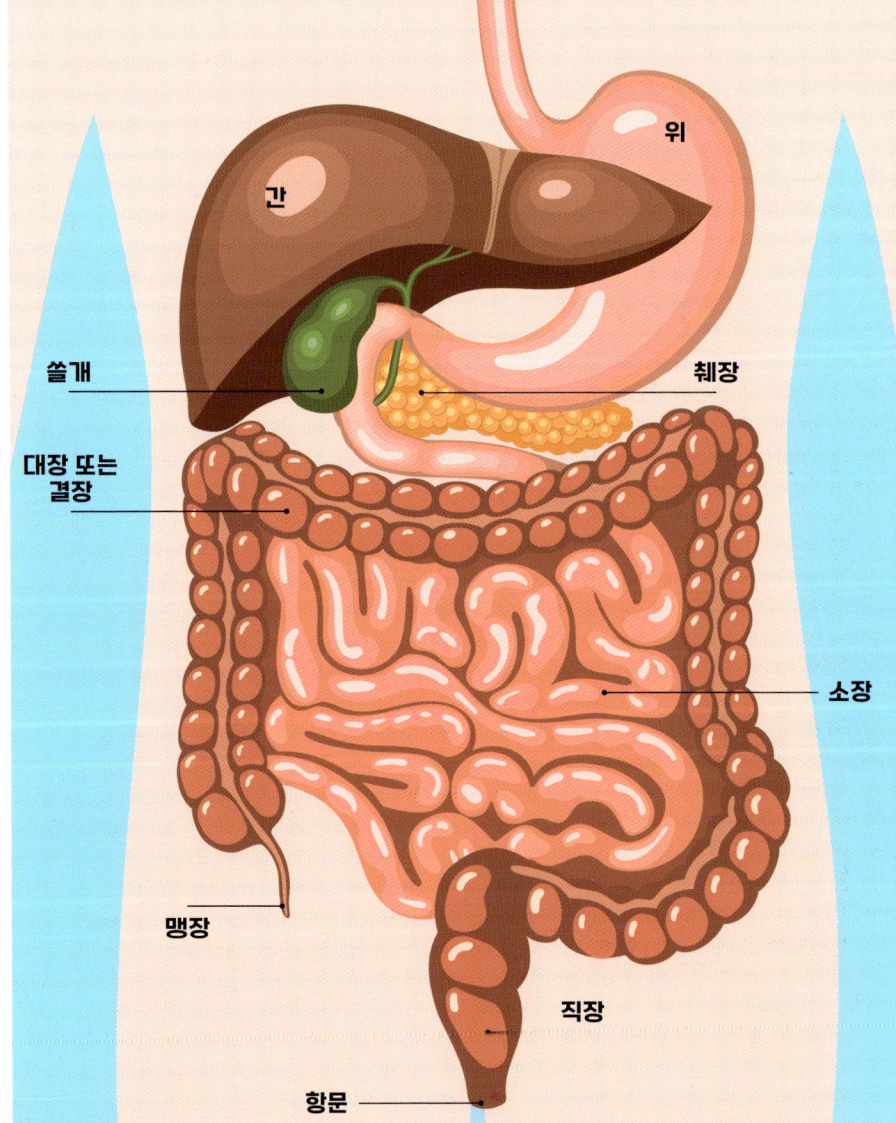

혀, 침샘, 치아, 입, 식도, 간, 위, 쓸개, 췌장, 대장 또는 결장, 소장, 맹장, 직장, 항문

몸에 필요한 연료

여러분의 몸은 필수 영양소를 직접 만들어내지 못해요. 그래서 생존을 위해 필요한 대부분을 음식을 통해 얻어내죠. 매일 먹어야 하는 여섯 가지 필수 영양소는 다음과 같아요.
1. 탄수화물
2. 단백질
3. 지방
4. 비타민
5. 무기물
6. 물

햄버거도 가끔은 괜찮아요. 하지만 건강한 식사에는 여섯 가지 필수 영양소가 골고루 들어가야 하죠.

물구나무서기를 하고서도 음식을 먹을 수 있다는 거 알고 있나요? 음식을 내려 보낼 때는 중력이 필요하지 않아요. 식도의 근육이 연달아 수축하고 이완하면서 음식을 위까지 밀어서 내보내니까요.

장내 미생물

우리의 장은 텅 비어있는 관이 아니에요. 100조 마리 이상의 미생물이 소화관에 살고 있거든요. 그것들은 음식을 소화시켜 영양분을 공급하고, 해로운 미생물로부터 우리를 보호하는 데에 도움을 줘요. 위와 소장은 강한 산성이기 때문에 대부분의 미생물은 대장에 살고 있어요.

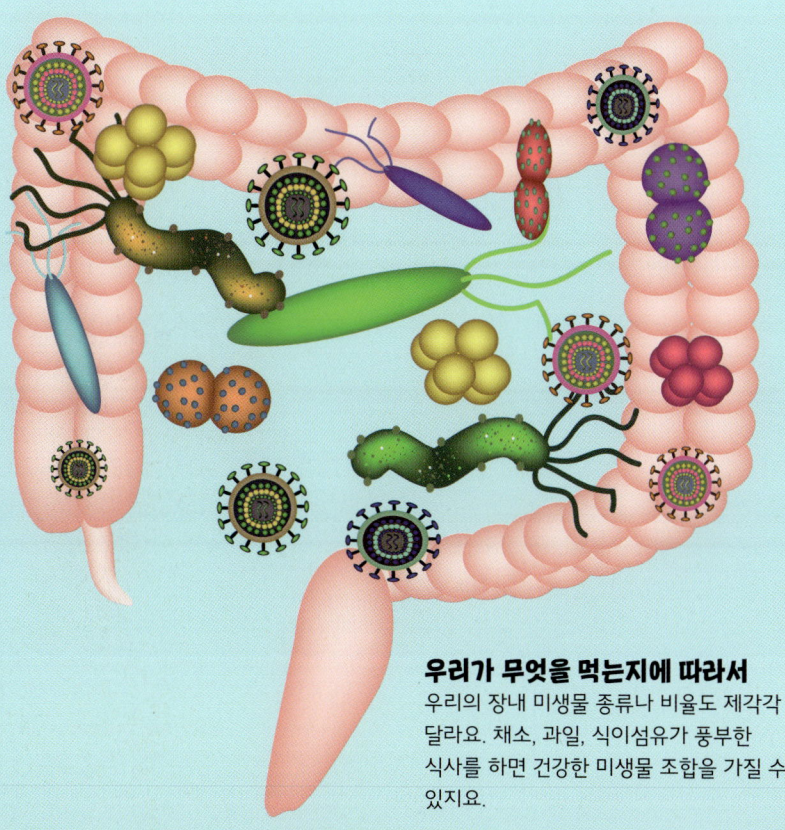

우리가 무엇을 먹는지에 따라서 우리의 장내 미생물 종류나 비율도 제각각 달라요. 채소, 과일, 식이섬유가 풍부한 식사를 하면 건강한 미생물 조합을 가질 수 있지요.

간이 하는 일

간은 매일 500가지 이상의 일을 하는 바쁜 화학 공장과 같아요. 가장 중요한 기능 중 하나는 소장에서 온 혈액 속 영양분을 처리하는 거지요.

간에는 소엽이라고 불리는 작은 공장이 수천 개 있으며, 모두 가공 작업을 맡고 있어요.

간은 스스로 재생되고 회복할 수 있는 능력이 있는 유일한 장기입니다.

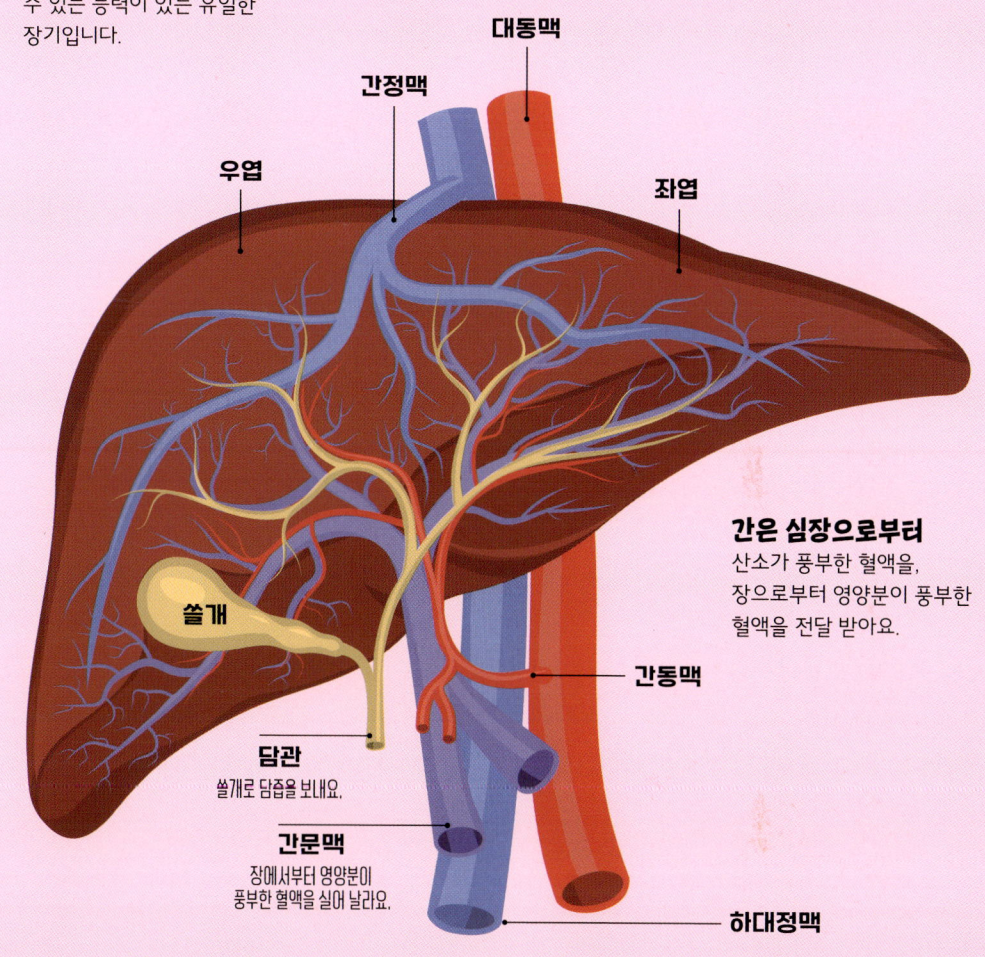

- 우엽
- 간정맥
- 대동맥
- 좌엽
- 쓸개
- 담관: 쓸개로 담즙을 보내요.
- 간동맥
- 간문맥: 장에서부터 영양분이 풍부한 혈액을 실어 날라요.
- 하대정맥

간은 심장으로부터 산소가 풍부한 혈액을, 장으로부터 영양분이 풍부한 혈액을 전달 받아요.

화장실 좀 다녀올게요

대장은 소화기관의 마지막 단계에요. 장내 미생물이 마지막 남은 영양분을 흡수하면 배설물(똥)이라고 불리는 노폐물이 장벽에 있는 근육에 의해 아래로 보내져요. 배설물이 직장이라 불리는 마지막 구간에 들어서면, 감각 수용기가 이제 화장실로 가야 한다는 메시지를 보냅니다.

방귀는 소화기관으로부터 장내 가스를 배출하는 방법입니다. 누구나 하루에 5~15번 방귀를 뀌죠.

물은 흘러 흘러

간에서 나온 혈액은 신장으로 가고, 신장은 독소를 제거하기 위해 혈액을 거릅니다. 그러면 깨끗해진 혈액은 계속 온몸을 순환하며, 독소와 물이 만나 생긴 소변은 요관을 타고 방광으로 가게 됩니다.

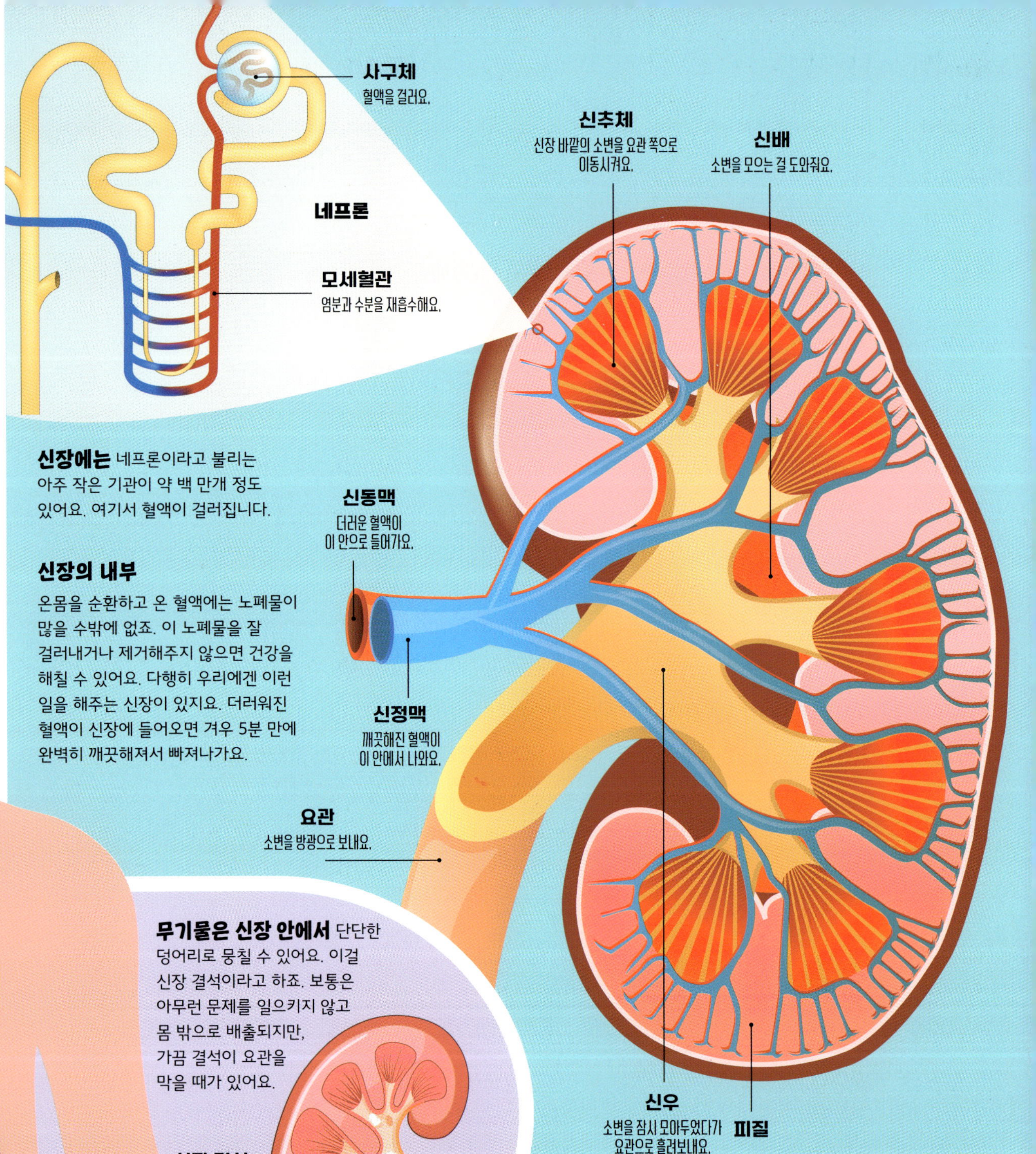

사구체 혈액을 걸러요.

네프론

모세혈관 염분과 수분을 재흡수해요.

신추체 신장 바깥의 소변을 요관 쪽으로 이동시켜요.

신배 소변을 모으는 걸 도와줘요.

신장에는 네프론이라고 불리는 아주 작은 기관이 약 백 만개 정도 있어요. 여기서 혈액이 걸러집니다.

신동맥 더러운 혈액이 이 안으로 들어가요.

신장의 내부 온몸을 순환하고 온 혈액에는 노폐물이 많을 수밖에 없죠. 이 노폐물을 잘 걸러내거나 제거해주지 않으면 건강을 해칠 수 있어요. 다행히 우리에겐 이런 일을 해주는 신장이 있지요. 더러워진 혈액이 신장에 들어오면 겨우 5분 만에 완벽히 깨끗해져서 빠져나가요.

신정맥 깨끗해진 혈액이 이 안에서 나와요.

요관 소변을 방광으로 보내요.

비뇨기관 비뇨기관은 신장과 방광뿐만 아니라 요관, 그리고 소변을 몸 밖으로 내보내는 관인 요도를 모두 포함하는 말이랍니다.

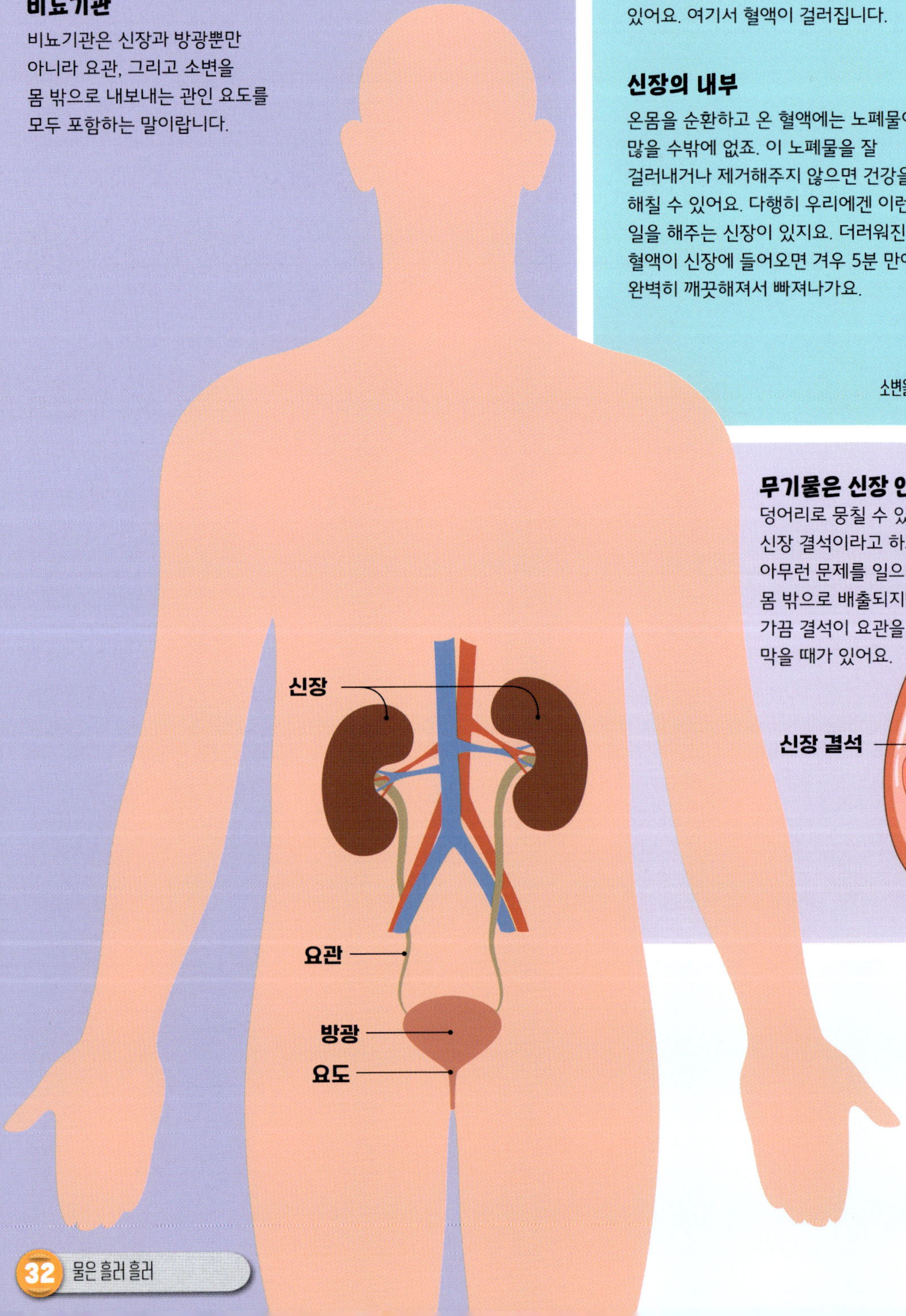

- 신장
- 요관
- 방광
- 요도

무기물은 신장 안에서 단단한 덩어리로 뭉칠 수 있어요. 이걸 신장 결석이라고 하죠. 보통은 아무런 문제를 일으키지 않고 몸 밖으로 배출되지만, 가끔 결석이 요관을 막을 때가 있어요.

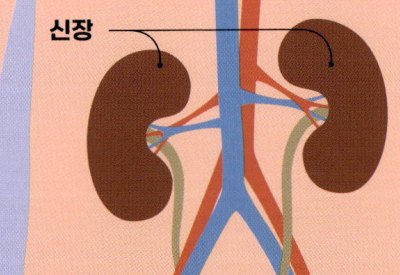

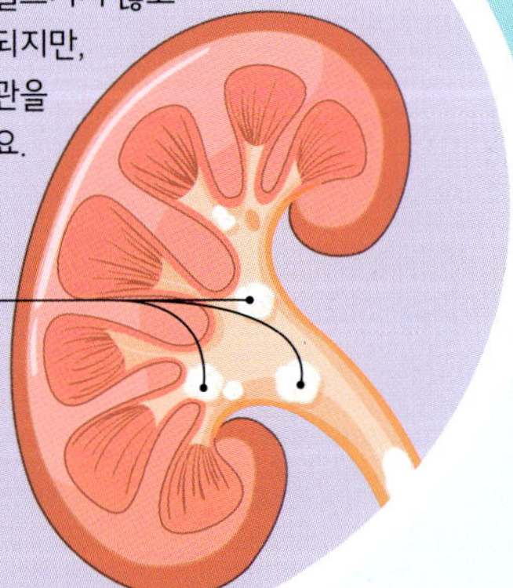

신장 결석

신우 소변을 잠시 모아두었다가 요관으로 흘려보내요.

피질

수분균형 여러분 몸의 수분은 늘 일정한 범위 내로 유지되어야 합니다. 필요한 양보다 수분이 많거나 적으면 몸속 세포가 제대로 기능을 할 수 없어요. 그래서 신장과 내분비계는 힘을 합쳐 몸속 수분을 균형 있게 유지합니다.

노폐물 제거

신장이 할 일을 끝내면 소변은 요관이라는 관을 타고 방광으로 이동해요. 방광이 꽉 차면 우린 화장실로 가서 방광을 비우고 싶은 욕구를 느끼게 되지요.

소변의 생성과 배출에 관한 더 정확하고 자세한 정보

1. 성인의 신장은 대략 휴대폰 만해요.
2. 신장은 한 쪽만 있어도 살 수 있어요.
3. 빈 방광은 배 한 알 정도의 크기에요.
4. 방광은 최대 500ml 정도의 소변을 보관할 수 있어요.
5. 낮 동안 4~8번, 밤 동안 1~2번 화장실에 가는 게 평균이에요.

빈 방광

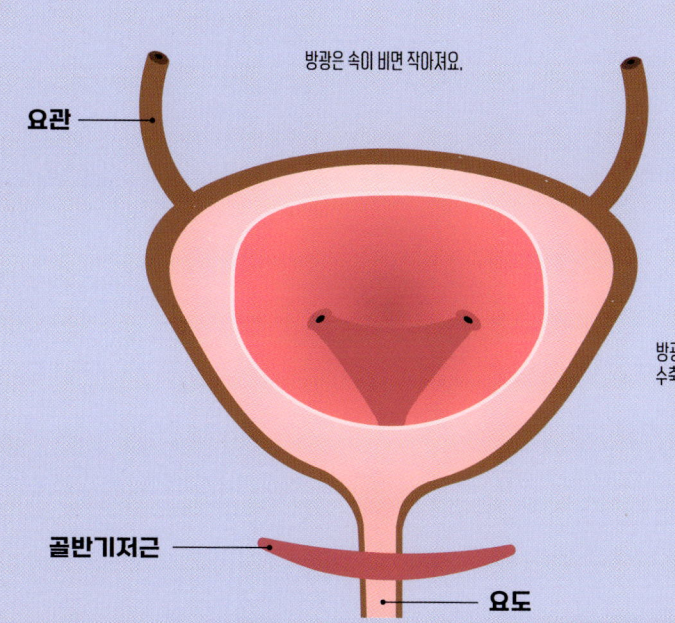

방광은 속이 비면 작아져요.

요관

방광 벽에는 근육이 있어서 수축과 이완을 할 수 있어요.

골반기저근

요도

꽉 찬 방광

소변은 수축하는 근육의 도움을 받아 요관을 따라 흘러 내려가요.

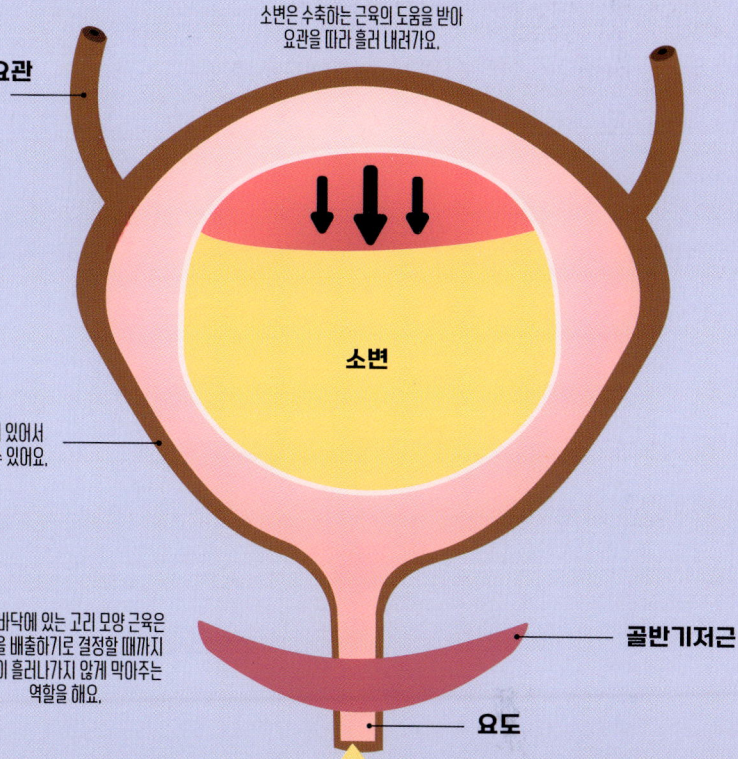

요관

소변

방광 바닥에 있는 고리 모양 근육은 소변을 배출하기로 결정할 때까지 소변이 흘러가지 않게 막아주는 역할을 해요.

골반기저근

요도

근육을 이완시키면 소변은 요도를 타고 내려가 변기로 흘러가지요.

건강한 방광

신장과 방광을 건강하게 유지하는 가장 좋은 방법은 물을 충분히 마시는 거예요. 유아는 매일 물이나 우유를 4컵 정도 마셔야 해요. 4~8세 어린이는 매일 5컵, 그 보다 나이가 많은 어린이나 성인은 7~8컵의 물이 필요해요.

변기 사용 연습

대부분의 아이들은 2~3살이 될 때까지 방광을 제대로 조절할 줄 몰라요. 방광을 스스로 조절하는 법을 깨우치는 것이야말로 유아기의 핵심 단계라고 할 수 있어요.

신장이 망가지면

신장이 제대로 작동하지 않으면 몸에서 제거되어야 할 독성이 몸에 계속 쌓이게 됩니다. 이런 일이 발생하면 원래 신장이 해야 할 여과 작업을 대신해 주는 기계의 도움을 받을 수 있어요.

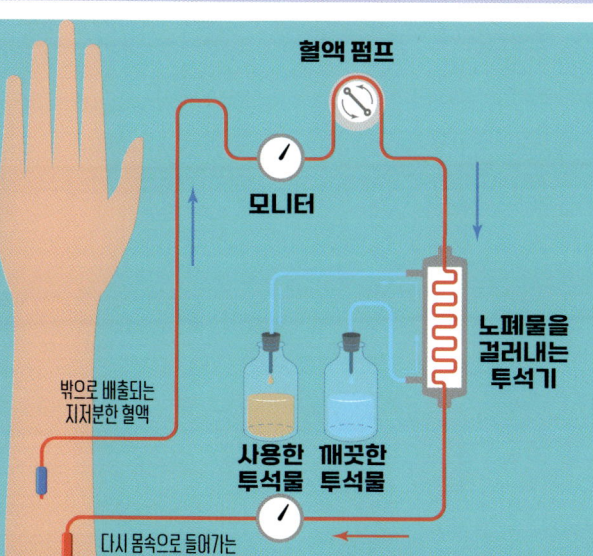

혈액 펌프

모니터

노폐물을 걸러내는 투석기

밖으로 배출되는 지저분한 혈액

사용한 투석물

깨끗한 투석물

다시 몸속으로 들어가는 깨끗한 혈액

방어에 힘쓰는 이들

우리 몸에는 몸 밖에서 침입한 박테리아와 바이러스뿐만 아니라 암 세포와 이물질로부터 우리를 보호하는 놀라운 세포, 조직, 기관이 있어요. 그들은 면역 체계라는 이름으로 팀을 이루어 활약해요.

피부는 신체의 제1 방어선이죠.

신체 보호

우리 몸의 제1 방어선에는 장벽이 있어서 세균이 우리 몸의 세포로 들어오는 것을 막아줍니다. 주요한 것들로 피부, 눈물, 점액, 침, 귀지, 위산, 피와 소변이 있어요.

면역 체계는 어떻게 작동하나요

면역 체계는 몸의 여러 부위와 관련이 있어요. 각각 세균이나 이물질을 감지하는 걸 돕고, 다른 부위와 소통하고, 또 침입자를 몸 밖으로 배출하도록 하지요.

예를 들어 감기가 걸려 몸이 아플 때, 몸에서 열이 나는 등의 증상은 면역 체계가 각자 맡은 일을 하고 있다는 증거라 할 수 있어요.

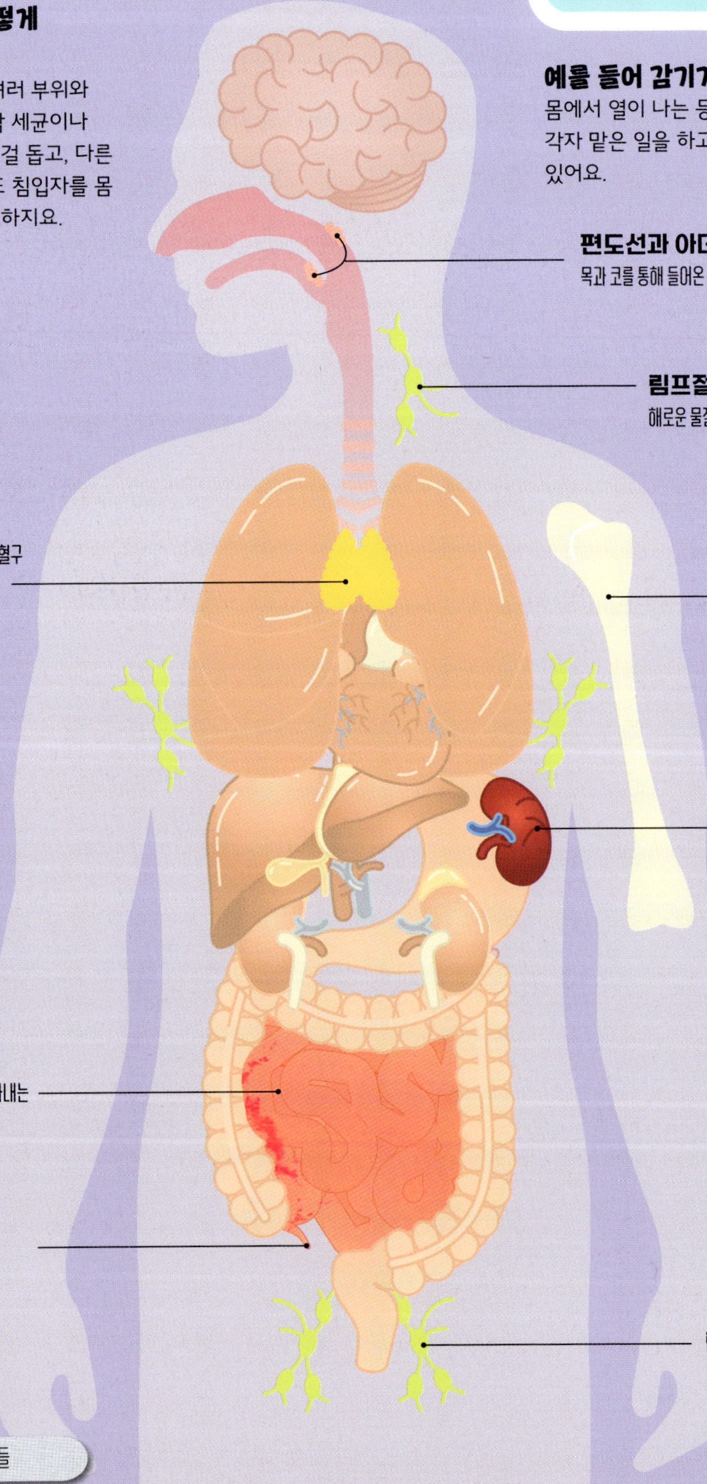

편도선과 아데노이드
목과 코를 통해 들어온 세균을 막아줘요.

림프절
해로운 물질을 걸러줘요.

흉선
감염에 대항하여 싸우는 백혈구(T세포)를 만들어요.

골수
감염에 대항하여 싸우고 감염을 막는 여러 종류의 백혈구를 만들어요.

지라(비장)
혈액 속 세균과 맞서 싸우고 오래되거나 손상된 적혈구를 제거해요.

페이에르판
소장 내부 점막에 있는 페이에르판은 면역 세포를 포함하고 있어요. 장내 음식물 속 세균도 찾아내는 역할을 해요.

맹장
질병과 싸우는 데 도움을 주는 장내 세균에게 보금자리 역할을 해요.

림프절

림프계

림프계는 면역 체계의 일부입니다. 림프계는 온몸에 뻗어있는 관과 절로, 안에는 림프라고 불리는 뿌연 액체가 들어 있어요. 그리고 림프에는 우리를 질병으로부터 보호하는 백혈구가 들어 있고요.

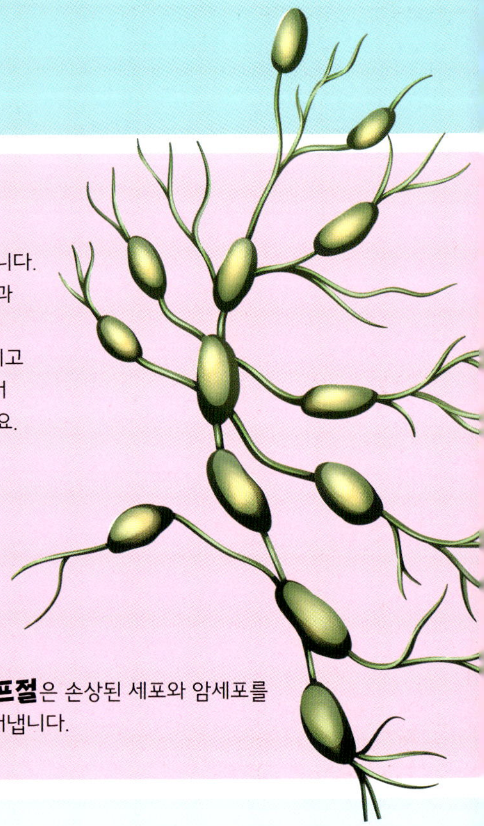

림프절은 손상된 세포와 암세포를 걸러냅니다.

백신

백신 접종은 우리의 자연 면역 체계가 질병을 대비할 수 있도록 도와주는 좋은 방법이에요. 대부분의 백신은 질병을 살짝 '맛보게' 합니다. 그러면 진짜 병에 걸렸을 때 면역 체계가 빠르고 정확하게 반응할 수 있어요.

백신은 매년 수백만 명의 목숨을 구하지요.

알레르기

때때로 우리 면역 체계는 먼지나 땅콩처럼 해롭지 않은 물질에도 반응을 해요. 그것들을 침입자로 착각하고 들어오지 못 하게 막는 거지요. 이런 경우를 알레르기 반응, 또는 알레르기라고 불러요. 가장 흔한 건 꽃가루 알레르기와 아토피이지요. 알레르기 반응은 가렵거나 콧물이 나오는 정도로 약할 수도 있지만, 목숨에 위협이 될 정도로 심각할 수도 있습니다.

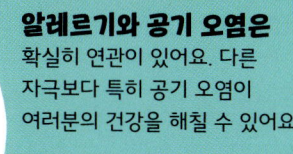
알레르기와 공기 오염은 확실히 연관이 있어요. 다른 자극보다 특히 공기 오염이 여러분의 건강을 해칠 수 있어요.

우유, 달걀, 견과류처럼 매일 먹는 음식도 누군가에게는 알레르기를 유발하는 식품이 될 수 있어요.

충혈, 눈물, 가려운 눈은 주로 먼지, 연기, 반려동물의 털, 곰팡이, 화장품 때문에 생기는 흔한 증상입니다.

알레르기 증상에는 재채기, 기침, 콧물, 메스꺼움 등이 있어요.

알레르기 유발 물질과 증상
사람들은 그 어떤 것에도 알레르기가 생길 수 있어요. 하지만 특히나 많은 사람들에게 반응을 일으키는 것들이 따로 있지요. 증상도 매우 다양해요. 알레르기가 심하다면 어딜 가든 약을 챙겨다니는 게 좋아요. 가끔 예상치 못한 반응이 올 수도 있으니까요.

먼지는 흔한 알레르기 유발 물질이에요. 먼지 그 자체보다는 먼지 안에 있는 아주 작은 벌레, 진드기가 알레르기 반응의 원인입니다.

반려동물 때문에 생기는 알레르기는 주로 동물의 피부 세포, 침 또는 소변에 있는 단백질이 원인이 됩니다.

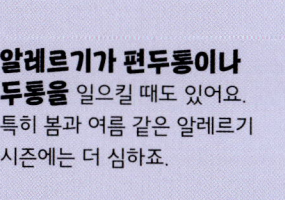
알레르기가 편두통이나 두통을 일으킬 때도 있어요. 특히 봄과 여름 같은 알레르기 시즌에는 더 심하죠.

두드러기나 습진 같은 피부 발진 역시 흔한 알레르기 증상이에요.

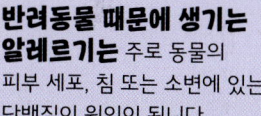

염증과의 싸움

가시 같은 이물질이 피부를 뚫고 들어오면 방어 시스템이 곧바로 작동을 해요. 손상을 입은 조직은 화학 물질을 분비해서 감염과 싸울 백혈구를 불러 모으죠.

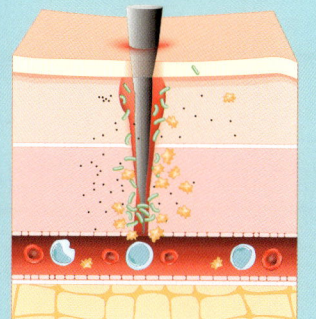
1. 혈관이 확장하여 상처로 흘러갈 혈액 양을 늘려요.

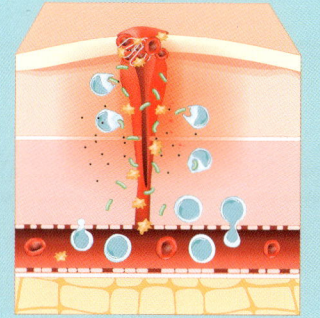
2. 혈소판이 혈액을 응고시켜 상처 부위가 겉으로 드러나지 않게 딱지를 만들어요.

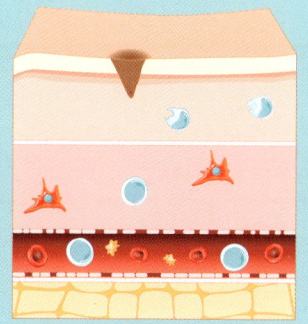
3. 백혈구가 상처의 세균들을 잡아먹으면 상처 부위가 깨끗하게 아물 수 있지요.

대식세포 — **박테리아**

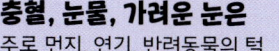

최전방부대
대식세포라고 불리는 백혈구는 박테리아나 세균을 삼켜서 없애버려요. 세균을 소화시키고 난 대식세포는 남은 찌꺼기를 배출합니다.

면역 체계에 관한 더 정확하고 자세한 정보

1. 좋은 장내 세균은 건강한 면역 체계에 꼭 필요해요.
2. 잠을 충분히 자지 않으면 면역 체계가 제대로 작동하지 못 해요. 그래서 피곤하면 감기에도 더 잘 걸리는 거예요.
3. 우리의 면역 체계는 한 번 만났던 세균을 모두 다 기억합니다.
4. 면역 체계는 나이가 들수록 점점 약해져요.
5. 운동은 면역 체계를 튼튼하게 하는 데에 도움을 줍니다.

호르몬

호르몬은 혈류를 타고 온 몸을 이동하는 화학물질 배달부로 각 부위에서 여러 가지 지시를 내립니다. 호르몬은 언제 몸이 자라는지, 언제 성적 성숙이 이루어지는지부터 시작해 소화나 인체 시계 등 광범위한 여러 기능을 통제합니다.

호르몬은 어떻게 작동하나요

여러분 몸 곳곳에는 다양한 내분비선이 있어요. 완두콩만한 크기로 뇌에 자리 잡고 있는 뇌하수체가 내분비계를 조절합니다. 여기서 다양한 호르몬이 나오고, 그 호르몬이 다른 내분비선과 신체 기능을 통제합니다.

10대의 호르몬

사춘기는 유년기와 성인기 사이의 시기에요. 몸에서 여러 가지 호르몬이 분비되면서 몸이 성숙하고 번식이 가능해지죠. 성장과 신체 변화의 시기이기도 해요. 오른쪽 상자를 보면 이 시기 일어나는 여러 변화를 확인할 수 있어요. 갑자기 호르몬 수치가 급증하면 우울해질 수도 있고 자의식이 강해질 수도 있어요.

호르몬은 몸속을 광범위하게 순환하지만, 각각의 호르몬은 유전자에 의해 호르몬에 반응하도록 프로그래밍 된 특정한 표적 세포에만 영향을 미쳐요.

시상하부
배고픔과 갈증의 감정을 조절해요.

솔방울샘
인체 시계 역할을 하는 호르몬, 멜라토닌을 만들어요.

뇌하수체
내분비계의 우두머리. 키에 영향을 주는 성장 호르몬을 포함하여 수많은 호르몬을 만들어요.

갑상선
성장과 에너지와 관련된 호르몬을 만들어요.

가슴샘
면역 체계와 관련된 호르몬을 만들어요.

췌장
가장 큰 내분비샘으로, 인슐린(당뇨병 참조)을 포함해 여러 호르몬을 만들어요.

부신
아드레날린 형태로 에너지 촉진제를 분비해요. (투쟁 도피 반응 참조)

(여성의) 난소
여성 호르몬을 책임져요.

(남성의) 정소(고환)
남성 호르몬을 책임져요.

여드름은 10대들에게 흔히 생기는 문제입니다. 피부가 새롭게 변해가는 호르몬 수치에 적응하는 과정이거든요.

투쟁 도피 반응

바다에서 수영을 하다가 위험한 상어와 맞닥뜨렸다고 생각해 보세요. 여러분의 부신에서는 아드레날린이라는 호르몬을 한꺼번에 많이 만들어낼 거예요. 그러면 위험에 빠르게 반응하고 해로운 것으로부터 도망칠 수 있도록 강력한 힘이 솟아나요.

투쟁 도피 반응은 위험에 직면했을 때 자동적으로 효과를 나타내요. 그래서 여러분의 생명을 구할 수 있어요.

여자 아이의 변화
- 가슴이 커져요.
- 월경이 시작돼요.
- 몸에 굴곡이 커지면서 엉덩이도 넓어져요.

남녀 공통 변화
- 키가 커져요.
- 겨드랑이와 다리 사이에 털이 자라요.
- 땀이 많아져요.
- 피부에 기름기가 늘고 뾰루지가 생길 수 있어요.
- 머리카락도 기름기가 늘어서 머리를 더 자주 감아야 할 수 있어요.
- 감정과 기분에 변화가 잦아요. 하루 중에도 행복했다가, 슬펐다가, 심술이 났다가, 눈물이 났다가, 화가 났다가, 실증났다가, 혼란스럽다가, 또 흥분될 수도 있어요. 평범한 현상입니다.
- 다른 사람을 대하는 감정이 달라져요. 좀 더 로맨틱한 방식으로 상대를 좋아하게 될 수 있어요.

남자 아이의 변화
- 어깨가 넓어져요.
- 근육이 커지고 튼튼해져요.
- 얼굴과 가슴에 털이 나요.
- 목소리가 변할 거예요. 걸걸한 목소리가 나다가 어느 날 갑자기 낮은 목소리로 변할 수 있어요.
- 음경이 커져요.
- 고환이 커지고 정자를 만들기 시작해요.

내분비계에 관한 더 정확하고 자세한 정보

1. 신체에서 준비가 끝나면 사춘기가 시작돼요. 경우에 따라 다른 사람보다 사춘기가 훨씬 빨리 시작되는 이들도 있습니다.
2. 10대는 어린이나 어른보다 더 많이 자야 해요.
3. 10대는 호르몬 때문에 다른 나이대의 사람들보다 위험성이 커요.
4. 사춘기 동안은 약간의 체중 증가가 자연스러운 것이니 체중 감소를 위한 다이어트는 피해야 합니다. 체중과 관련된 고민이 있으면 의사와 상의하세요.

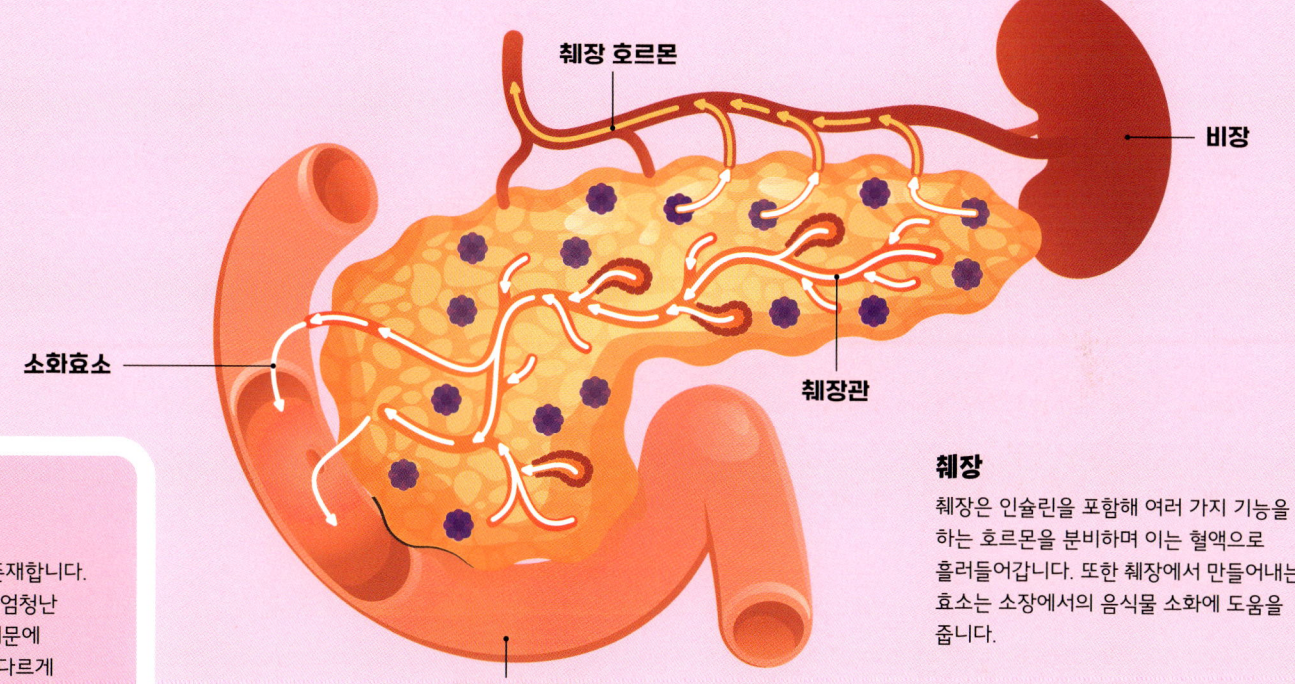

쵀장 호르몬, **비장**, **소화효소**, **쵀장관**, **소장 중 십이지장**

쵀장
쵀장은 인슐린을 포함해 여러 가지 기능을 하는 호르몬을 분비하며 이는 혈액으로 흘러들어갑니다. 또한 쵀장에서 만들어내는 효소는 소장에서의 음식물 소화에 도움을 줍니다.

10대의 뇌

10대의 뇌는 실제로 존재합니다. 전문가들은 10대들이 엄청난 호르몬 변화를 겪기 때문에 어린이나 어른들과는 다르게 생각하고 행동한다고 믿어요. 10대는 자신의 삶을 스스로 통제하고 싶어 하고, 자기주장이 강하며, 어른들보다는 또래 친구들과 관계를 맺기를 원합니다.

그러다 보니 가족이나 다른 어른들을 불만스럽게 만들 수 있고 의견 대립이 생길 수도 있어요.

당뇨병

당뇨병은 몸속의 혈당 수치가 너무 높을 때 발생하는 질병이에요. 원래 쵀장에서 만들어지는 호르몬인 인슐린은 혈당 수치를 조절합니다. 그런데 몸에서 충분한 인슐린을 만들어내지 못하면 혈액 내에 당분의 양이 너무 많아지고, 결국 건강에 해를 끼칠 수 있어요.

단 음식이나 너무 많이 가공된 음식은 당뇨병을 일으킬 수 있으니 피해야 합니다.

2형 당뇨

2형 당뇨는 사춘기 동안에도 생길 수 있어요. 건강한 식사를 하고 충분히 운동을 하면 당뇨병을 막는 데 도움이 됩니다.

다음 세대

사람들이 아기 낳기를 멈추면 인류는 곧 세상에서 사라질 거예요. 다행히 매년 수많은 아기들이 태어나고 있어요. 아기가 태어나려면 남성과 여성의 생식 세포가 필요해요. 다른 말로 정자와 난자라고 하지요.

아기는 어떻게 생기나

남자와 여자의 신체는 매우 비슷하지만 생식계는 서로 많이 달라요. 남자는 고환에서 정자 세포를 만들어요. 정자는 관을 타고 이동하여 음경을 통해 밖으로 나와요. 여자의 경우엔 매달 난소에서 만들어진 난자가 나팔관을 통해 이동해요. 질을 통해 여자의 몸으로 들어온 정자는 난자와 만나게 되고 생식 세포끼리 융합하면 아기가 만들어져요.

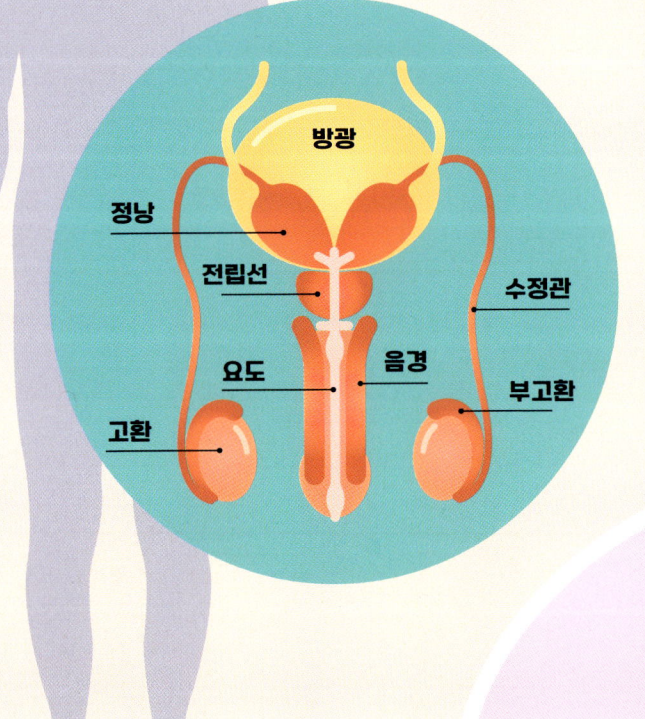

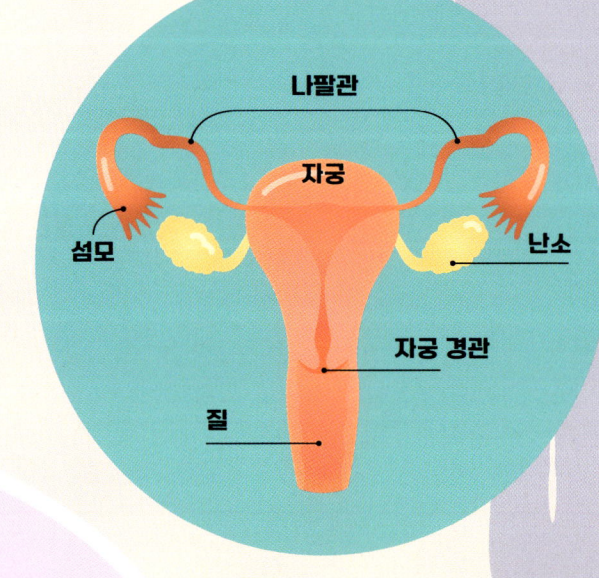

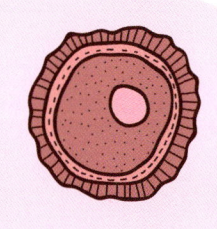

수정

여성의 난소가 막 난자를 배출했을 때 정자가 질로 들어가면 수정이 일어날 수 있어요. 각각의 정자 세포에는 아기를 만드는 데 필요한 정보의 절반이 들어있고, 난자 역시 절반만 가지고 있어요. 이 둘이 만나 융합하면 난자는 수정란이 됩니다.

발달 단계

수정은 보통 한쪽 나팔관 안에서 일어나요. 접합자라고도 하는 수정란은 곧바로 체세포분열을 시작하여, 한 개의 세포가 배반포가 될 때까지 두 개, 뒤이어 네 개, 여덟 개 순으로 늘어나게 됩니다.

생식에 관한 더 정확하고 자세한 정보

1. 매일 전 세계에서는 350,000 명의 아기가 태어나요.
2. 한 번의 출산으로 많게는 9명까지 아기가 태어난 기록이 있대요. 9쌍둥이인 거죠.
3. 쌍둥이를 출산할 확률은 약 2%입니다.
4. 평균 임신 기간은 280일이에요
5. 기록상 가장 긴 임신 기간은 375일이라고 해요.

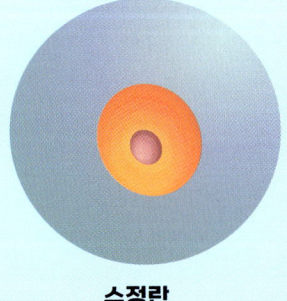

수정란

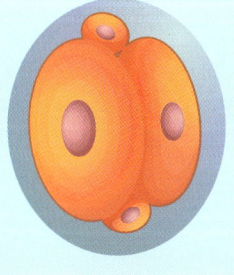
2세포기

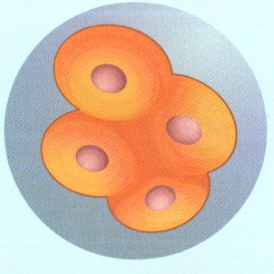
4세포기

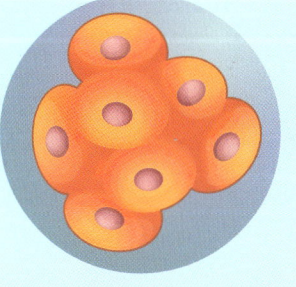
8세포기

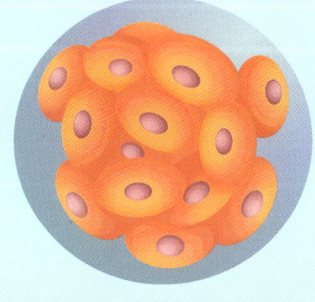
16세포기

배반포가 자궁 벽에 착상하면

배아가 됩니다. 배반포 중 일부 세포는 태반이, 또 일부 세포는 배아를 감싸는 양막이 됩니다.

세포는 분열을 계속하면서

천천히 나팔관에서 내려와 자궁으로 이동합니다. 자궁으로 들어온 세포를 배반포라고 불러요.

배반포

임신

여성의 몸속에서 아기가 자라는 것을 임신 상태라고 불러요. 여성은 자신이 호흡한 산소와 섭취한 음식을 몸 속 태아에게 나눠줍니다. 영양분과 산소가 태반을 통해 전달되거든요. 태아는 탯줄에 의해 태반과 연결되어 있는데, 이 탯줄은 태어난 후에 잘라냅니다.

여성의 자궁은 평소엔 오렌지 정도 크기에요. 하지만 임신 기간에는 수박 정도로 커질 수 있어요.

아기를 가지는 또 다른 방법

아기를 가지는 방법에는 여러 가지가 있어요. 임신에 도움이 필요한 부모들은 불임 치료를 받은 후 아기를 가질 수 있어요. 또 어떤 이들은 아직 가정을 찾지 못한 아이를 입양하는 쪽을 선택하기도 하죠.

때로는 수정이 실험실에서

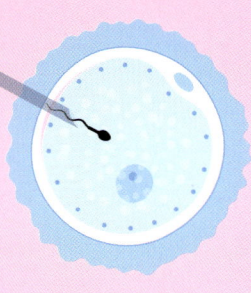

일어나기도 합니다. 실험실에서 수정시킨 수정란을 엄마의 몸속에 이식하여 태아로 키우는 거죠.

6개월 무렵엔 태아에 폐가 완전히 생겨나고 자궁 밖의 소리도 듣기 시작해요. 이맘때 태아의 무게는 약 1kg 정도입니다.

9개월

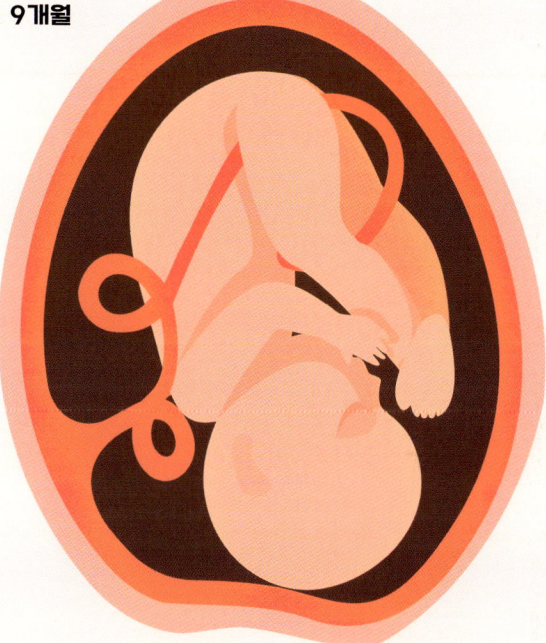

6개월

정자와 난자가 수정된지 약 9개월이 지나면 아기는 태어날 준비가 끝납니다. 아기들은 보통 머리부터 나올 수 있게 자세를 잡습니다. 아기가 태어나는 과정은 분만이라고 부르죠.

아기는 어떻게 자라는가

태반은 엄마의 몸에 있던 산소와 영양분을 전달하고, 노폐물은 수거합니다. 1달 정도 된 배아는 쌀알 한 개 정도 크기에요.

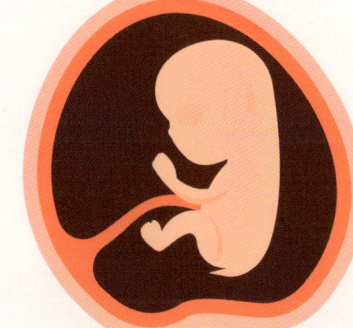

3개월

2개월이 지나면 배아 대신 태아라고 불러요. 3개월이 끝날 무렵 태아에는 팔과 손, 손가락, 발, 발가락이 생깁니다. 주먹을 쥐었다 폈다 할 수 있고 입도 벌릴 수 있어요.

1개월

쌍둥이

때때로 엄마의 몸속에 두 명 이상의 아기들이 동시에 자라날 때가 있어요. 쌍둥이는 일란성과 이란성으로 나뉘어요. 일란성 쌍둥이는 한 개의 난자가 두 개의 정자 세포에 의해 수정되었을 때 생깁니다. 그들은 하나의 접합자를 형성했다가 두 개의 배아로 분리됩니다. 이란성 쌍둥이는 두 개의 정자가 두 개의 난자와 수정되고, 둘 다 어머니의 자궁에 이식되었을 때 생기지요.

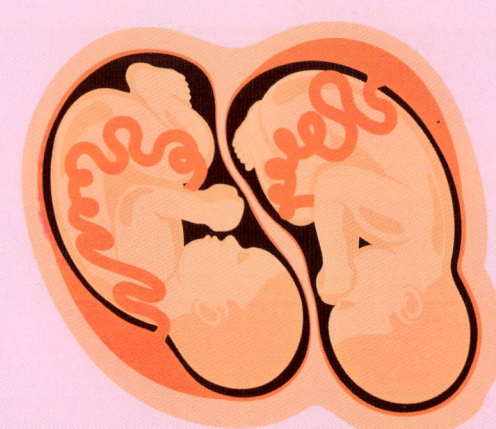

인생 주기

모든 인간은 똑같은 생활 주기를 거칩니다. 누구나 아무것도 할 줄 모르는 아기로 태어나 활동적인 아동이 되었다가 기분 변화가 심한 10대가 되죠. 그리고 머지않아 10대는 성인이 되며 자신의 자녀를 출산할 수 있습니다. 그렇게 자신의 자녀가 또 자녀를 낳으면 그 부모는 조부모가 됩니다! 끝없이 이어지는 순환인 거죠!

성장

누구나 태어난 후 처음 25년간은 성장을 합니다. 학교에서 공부를 하느라 많은 시간을 보내고 자기 자신에 대해서도 배우게 되죠. 10대 시절에는 자신의 미래에 대해 결정을 내리기도 하고 자신이 원하는 게 무엇인지 고민도 많을 때라 힘들 수 있어요.

초년기

신생아는 혼자서 할 수 있는 게 아무 것도 없어요. 동생이 있으면 알겠지만 아기를 돌보는 데는 엄청난 시간이 소요됩니다. 하지만 아기들은 곧 길 수 있게 되고, 자기 발로 걷고, 말도 할 수 있게 되지요. 3~4세가 되면 많은 어린이들이 유치원에 갑니다.

만 5~6세가 되면 학교에 갑니다. 이 나이쯤이면 혼자 옷을 입고, 밥을 먹고, 대화도 잘 하지요. 부모님의 도움이 그렇게 많이 필요하지 않아요.

사춘기는 여자의 경우에는 만 8~11세, 남자는 9~12세에 시작됩니다. 10대 때는 성장이 빠르고 신체도 많이 변화해요. 남자 아이들은 목소리가 낮아지고 여자 아이들의 몸에는 굴곡이 많아지지요.

10대 후반이면 고등학교를 졸업하고 대학에 가거나 첫 직장을 얻습니다. 25세가 되면 신체적으로나 정신적으로 진정한 성인이라고 할 수 있어요.

태어나서 첫 12개월 동안에는

중요한 사건이 굉장히 많이 일어나요. 첫 발을 내딛고, 첫 말을 내뱉는 것도 바로 이때죠.

개월 1 2 3 4 5 6 7 8 9 10 11 12

신생아는 하루에 14~17시간 잡니다. 2~4시간마다 깨서 우유를 먹고 많이 울어요.

2~3개월이 되면 시력과 청력이 좋아져요. 몸을 뒤집기 시작하고 다른 사람들을 알아보기도 합니다.

4~5개월의 아기는 눈을 똑바로 쳐다보고 옹알이를 합니다. 장난감을 향해 손을 뻗고, 엎드린 자세에서 팔꿈치로 상체를 지탱할 수 있어요.

6개월이 된 아기는 웃기를 좋아합니다. 도움 없이도 혼자 앉을 수 있고 색깔을 구분할 수 있어요.

8~9개월 아기는 모양을 구분할 수 있고 '엄마', '아빠' 같은 단어를 이해할 수 있어요. 기기 시작할 수도 있습니다.

10개월이 된 아기들 대부분은 길 수 있을 뿐만 아니라 일어서려고 애를 씁니다. '엄마', '아빠' 같은 단어를 말하기 시작해요.

12개월 아기 대부분은 혼자 일어서거나 걸을 수 있어요. 무언가를 손가락으로 가리키고, 여러 가지 사물을 인지합니다. 모든 것을 직접 만져보려 하며 다른 사람의 이야기에 귀를 기울여요.

40대 이후의 성인은 보통 중년이라고 불러요.

인생 주기에 관한
더 정확하고 자세한 정보

1. 아기는 빨리 자라요. 태어난지 5개월 만에 체중이 두 배가 되지요.
2. 뇌는 그 어느 때보다 태어나서 첫 5년 동안 가장 성장을 많이 합니다.
3. 10대는 급성장기를 겪을 수 있어요. 두 세 달 만에 몇 센티미터가 훅 크는 거죠.
4. 골밀도는 약 40세부터 줄어들기 시작해요.
5. 2020년 이후 부유한 국가에서 태어난 5명 중 한 명은 기대 수명이 100살이 될 걸로 보여요.

성인
이 시기 대부분의 사람들은 계속해서 일을 하고, 장기적인 인간관계를 가지며, 흔히 부모가 되기도 합니다. 바쁘고 할 일도 많은 대신 큰 기복이 없는 시기죠. 때때로 어떤 이들은 이혼을 하고 새로운 가족을 꾸리기도 합니다. 모든 게 다 삶의 일부입니다.

기대 수명
인간이 얼마나 살지 예상하는 걸 기대 수명이라고 합니다. 사람들의 평균 수명은 그 사람이 사는 나라에 따라, 얼마나 좋은 의료 서비스를 받으며 얼마나 건강한 삶을 사느냐에 따라 달라집니다. 최근 수십 년 동안 우리의 기대 수명은 크게 늘어났어요. 특히 의료 서비스가 우수한 부유한 국가들일수록 더욱 그렇죠.

우리는 왜 늙는가?
과학자들도 우리가 늙는 이유를 제대로 파악하지 못 하고 있어요. 흡연이나 건강에 해로운 음식 섭취 같이 나쁜 습관이 노화를 부추깁니다. 인체에 해를 줄 수 있는 화학물질이나 오염물질, 심지어 과도한 햇볕에 노출되어도 노화가 빨리 일어날 수 있어요. 하지만 아무리 건강한 사람이라도 모두 늙습니다.

노화에 대한 가장 그럴듯한 설명은 세포와 관련된 것이에요. 세포는 끊임없이 분열하고 재생하지만 그 횟수가 정해져있다는 거죠. 이 과정은 염색체 끝에 위치하고 있는 말단소립이 담당합니다.

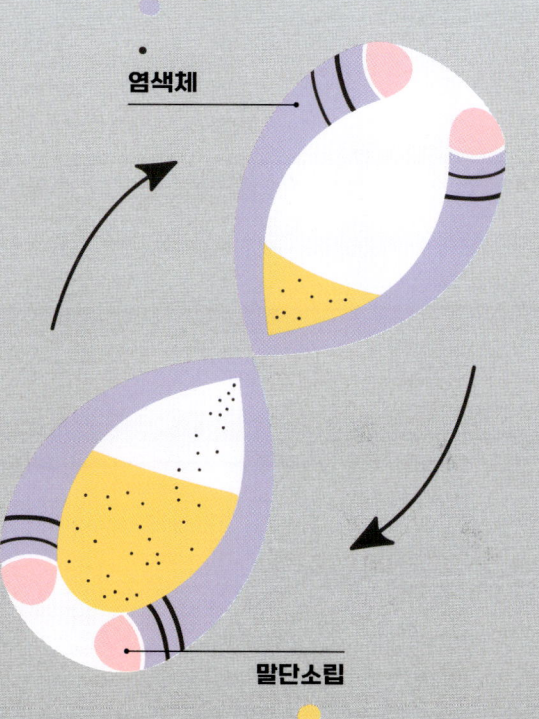

염색체

말단소립

잘 늙어가는 것
노년기는 인생 주기의 가장 마지막 단계입니다. 잘 먹고 자주 운동하는 사람들은 건강하고 활동적으로 노년의 삶을 즐길 수 있어요. 행복한 노년기를 보내기 위해서는 어릴 때부터 건강한 생활 습관을 따르는 것이 가장 좋습니다.

건강 유지

누구나 수두 같은 전염병에 걸리거나 사고가 나서 아플 수 있어요. 여러분이 직접 아픈 몸을 치료하기 위해서 할 수 있는 일은 별로 없지만, 평소에 건강을 유지할 수 있는 방법은 많이 있답니다. 어릴 때부터 건강한 습관을 익히면 평생을 건강하게 사는 데에 도움이 될 거예요.

몸과 마음

스스로를 돌보라는 말은 꼭 몸에만 국한된 말이 아니에요. 정신 건강까지 돌보라는 이야기죠. 스스로와 다른 사람들에게 친절하고, 자신을 있는 그대로 사랑하세요. 또 매일 학교에서 지내는 시간 그리고 친구와 가족과 함께 지내는 시간을 최대한 활용하세요.

식이

여러분이 먹는 음식을 몸에서 필요로 하는 연료라고 생각해 보세요. 질이 좋은 음식을 먹으면 몸도 일을 더 잘 할 것이고, 여러분도 건강하고 행복한 느낌을 받을 수 있어요. 최고의 음식은 채소와 과일, 생선, 닭고기, 달걀, 우유, 요거트 같은 자연 식품입니다. 물 역시 충분히 마셔야 해요.

항상 움직여요

우리의 몸은 달리기, 점프, 춤과 같은 신체 활동에 적합하게 만들어 졌어요. 하루 종일 집에 있으면서 휴대폰이나 컴퓨터 화면만 보는 건 어른이나 아이 모두에게 건강하지 못한 습관이에요. 운동을 하면 몸도 건강해지고 기분도 좋아져요. 심장이 좀 빨리 뛰고 살짝 숨이 가쁠 정도의 운동을 매일 적어도 한 시간 정도 하도록 노력해 보세요.

운동은 꼭 지루하지만은 않아요

반려견과 함께 놀거나, 친구와 같이 수영을 하고, 공원에서 공놀이를 하면 재미있게 건강을 챙길 수 있죠.

케이크, 햄버거, 피자, 감자튀김 같은 음식도 가끔 먹으면 괜찮아요. 다만 너무 많이 먹으면 피곤하고 불쾌한 기분이 들 수 있어요.

청결

매일 여러 번 따뜻한 물과 비누로 손을 씻어야 해요. 그래야 여러분을 아프게 만들 수 있는 세균을 죽일 수 있어요. 식사 후에는 양치질을 해요. 또 매일 적어도 한 번 치실을 사용하세요. 되도록 저녁에 하는 게 좋아요. 그래야 아침 식사 때까지 이가 깨끗하게 유지될 테니까요.

식사 전, 화장실 다녀와서, 반려동물과 놀고 나서, 쓰레기를 만지고 나서는 반드시 손을 씻어요.

수면

잠을 잘 자는 것은 여러분의 몸에 짧은 휴가를 주는 것과 마찬가지에요. 잠잘 때 우리 몸은 휴식을 취하고 다시 회복되면서 다음 날을 위해 준비합니다. 뇌 역시 종종 놀라운 꿈을 보여줌으로써 여러 가지 것들을 정리할 시간을 가져요.

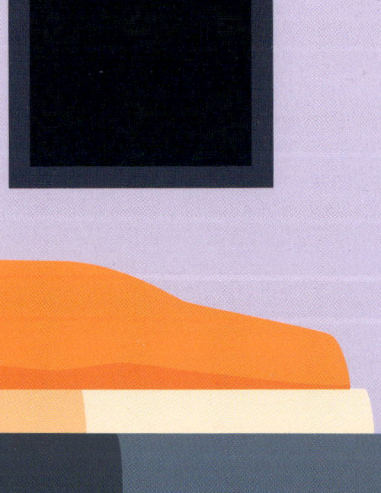

친구와 가족

인간은 사회적인 존재이기에 다른 사람들과 함께 있는 걸 좋아합니다. 사람들을 만나고 친구를 사귀면 행복해져요. 다른 사람에게 친절하게 대하고, 무언가를 함께 나누고, 그들의 말에 귀를 기울이면 좋은 친구가 될 수 있어요.

인체에 관한 웃긴 사실 몇 가지

1. 웃음은 스트레스를 줄여주고 건강에도 매우 좋아요.
2. 자신의 팔꿈치를 핥는 건 불가능해요.
3. 언제나 밝은 면만 보세요! 낙천주의자가 오래 산대요.
4. 밤보다 아침에 키가 커져요. (낮 동안 연골이 눌려서 그래요.)
5. 춤은 자연스러운 거예요. 아무 것도 모르는 아기들도 음악을 들으면 춤을 춥니다.

자신을 사랑하세요

우린 모두 달라요. 각자의 관점과 믿음도 다르고, 머리카락도 몸도 생긴 것도 다 다르죠. 가끔 스스로가 친구들만큼 멋지지 않거나 매력적이지 않다는 생각이 들 수도 있어요. 하지만 사실은 그렇지 않아요. 여러분은 여러분이니까요. 항상 최선을 다하세요. 그리고 스스로를 자랑스러워하세요.

담배는 금지

담배는 건강에 최악이에요. 담배를 피운다고 멋있어 보이지도, 어른스러워 보이지도, 지적으로 보이지도 않아요. 담배를 피우면 이는 누렇게 변하고 피부는 축 처지고 주름이 져요. 암이 생길 수도 있고요.

괴롭힘

스스로에게 자신이 없거나 비뚤어진 사람들이 종종 여러분을 공격할 수도 있어요. 물리적으로 때리거나 협박을 하기도 하고 거친 말을 내뱉기도 하죠. 온라인상에 보기 싫거나 상처가 되는 댓글 또는 사진을 올리기도 합니다. 이런 걸 모두 괴롭힘이라고 해요.

괴롭힘은 여러분의 잘못이 아니에요. 혹시나 여러분이 이런 일을 겪게 되면 선생님, 믿을만한 어른, 친구에게 알리세요. 도움을 받아서라도 괴롭힘을 멈춰야 해요.

햇빛

햇빛은 우리를 행복하게 합니다. 햇빛이 피부에 닿으면 비타민 D라는 중요한 영양소가 만들어지기도 하죠. 하지만 너무 과한 햇빛은 피하는 게 좋아요. 피부에 화상을 입을 수도 있고 피부 암이 생길 수도 있거든요.

야외에서 오랜 시간을 보내야 한다면 햇빛 차단용 모자를 쓰고 선크림을 바르도록 해요.

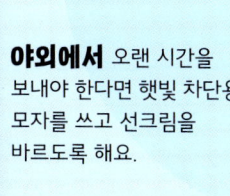

다르다는 것

어떤 사람들은 남들과는 다른 신체를 갖고 태어나요. 또 어떤 이들은 질병이나 사고 때문에 남들과 다른 신체를 갖게 되거나 스스로가 다르다고 생각하게 돼요. 이런 차이를 우린 장애라고 불러요. 휠체어를 사용하거나 앞이 보이지 않는 장애는 알아채기 쉬워요. 하지만 식이 장애나 우울증처럼 장애가 마음속에 있으면 겉으로 보이지 않을 수 있어요. 인간은 매우 적응력이 좋기에 장애를 가진 사람들도 편안한 삶을 살 수 있습니다.

이것은 장애를 가진 이들의 삶을 기리는 국제적인 상징입니다.

불안한 느낌

때때로 두려움이나 걱정 같은 평범한 감정들이 너무 과하게 느껴질 때가 있어요. 또는 개나 거미 같은 것들이 너무 심하게 두려워져 공포증이 생길 수도 있어요. 어떤 때는 불안한 느낌이 너무 심해서 공황 발작이 올 수도 있습니다. 의사와 치료 전문가가 도움을 줄 수 있으니, 가서 여러분의 기분을 털어놓으세요.

또 다른 보이지 않는 장애

슬픈 감정이 너무 오랫동안 지속된다면 우울증에 걸린 걸 수도 있어요. 이 외에 또 보이지 않는 장애로는 ADHD(주의력 결핍 과다행동 장애)와 식이 장애가 있습니다. 창피해 할 이유가 전혀 없으니 치료 전문가와 상담하세요.

자폐 스펙트럼 장애

자폐의 정도는 사람마다 크게 다를 수 있어요. 하지만 이 장애를 겪고 있는 사람들은 공통적으로 다른 사람들과의 상호작용이나 의사소통에 어려움을 겪습니다.

학습 장애

어떤 사람들은 뇌가 일반적인 사람들과는 조금 다른 방식으로 연결되어 있어서, 읽고 쓰는 법을 배우는 데에 어려움을 겪을 수 있어요. 난독증은 가장 흔한 장애로, 언어를 다루는 뇌의 영역에 영향을 줍니다. 난독증이 있는 아이들은 읽기 학습에 어려움을 겪지만 적절한 지원을 해 준다면 평범하게 읽고 쓰는 법을 배울 수 있어요.

수화

수화는 얼굴 표정과 보디랭귀지뿐만 아니라 손 신호를 사용하여 의사소통을 하는 방법입니다. 귀가 들리지 않거나 청력이 약한 사람은 종종 수화를 배워요. 들을 수는 있지만 말을 할 수 없거나 하고 싶지 않은 사람들 역시 수화를 이용해 의사소통을 합니다.

사랑해요

똑같다

이 두 개의 동작으로 여러분의 수화 실력을 시험해 보세요.

시력 문제

여러분의 시력에 영향을 줄 수 있는 문제들은 매우 다양해요. 문제가 심하지 않으면 안경이 해결해 줄 수 있어요. 더 심각한 문제가 있는 사람들은 수술의 도움을 받을 수도 있죠. 시력이 손상된 채로 사는 법을 배워야 하는 사람들도 있어요.

보거나 듣거나 이동하는 데에

문제가 있는 사람들 중에 개를 데리고 다니는 사람들이 있어요. 일상적인 일을 돕는 이 개들을 보조견이라 불러요.

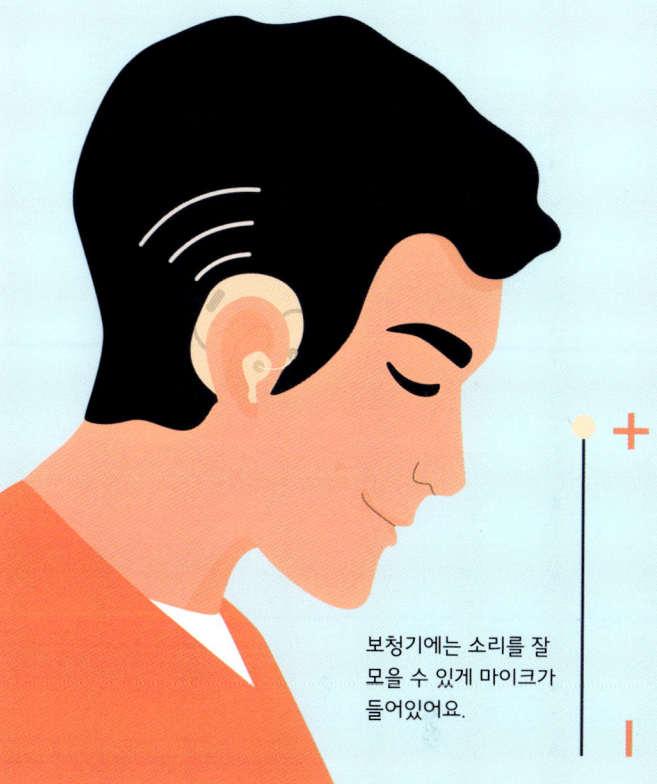

청력 문제

청력 손실은 그 정도도 다양하고 종류도 다양합니다. 그리고 많은 경우 보청기가 도움을 줄 수 있습니다. 귀 안에 끼워 넣거나 귀 뒤에 걸치는 형태가 있지요. 이런 보청기를 쓸 수 없는 경우엔 인공 와우라는 작고 복잡한 전자 기구를 내이에 삽입하는 방법도 있습니다.

보청기에는 소리를 잘 모을 수 있게 마이크가 들어있어요.

이동성

걷는 데에 어려움이 있다면 휠체어가 도움을 줄 수 있을 거예요. 모터가 달린 휠체어도 있지만, 직접 바퀴를 돌려야 하거나 뒤에서 밀어주는 사람이 필요한 경우도 있지요.

4년에 한 번씩 신체적 장애가 있는 세계 최상급 선수들이 패럴림픽 대회에서 경쟁을 합니다.

의수와 의족

팔이나 다리를 잃으면 그걸 대체할 의수나 의족을 사용할 수 있어요. 의수나 의족은 생긴 것뿐만 아니라 기능도 진짜 팔다리와 비슷하게 만들어져요. 현대의 생체공학적인 의수와 의족에는 사람이 움직이는 근육으로부터 신호를 받는 새로운 기술이 포함되어 있지요.

미래

의학의 미래는 그 어느 때보다 흥미진진해요. 새로운 기술 덕분에 질병 예방, 진단, 처치, 치료의 방법이 계속 변하고 있어요. 가까운 미래에는 옷처럼 입을 수 있는 건강 추적 장치가 나와서 스스로의 건강을 챙길 수 있게 해줄 거예요. 특히 로봇 공학, 유전자 요법, 면역 요법이 앞날이 밝은 분야랍니다.

획기적인 의학 발전
간단한 연대표

1. 1796 최초의 백신 사용
2. 1928 페니실린 발견
3. 1967 최초의 심장 이식
4. 1996 최초의 포유류 복제
5. 2003 인간 게놈 지도 완성
6. 2013 줄기 세포로 간 세포를 만들어냄
7. 2021 Covid-19 예방을 위해 mRNA 백신 사용

헌신적인 의료진

의사, 간호사, 병원과 보건 센터에서 일하는 모든 사람들은 의학의 중심이며 미래에도 마찬가지일 거예요. 새로운 기술은 이들이 이전보다 더 많은 질병을 처치하고 치료하는 데에 도움을 줄 것입니다.

로봇 수술

점점 더 많은 병원에서 로봇 수술을 이용해요. 의사가 복잡한 수술을 훨씬 더 정확하게 할 수 있도록 도와주는 기술이지요. 외과 의사가 수술에 직접 참여하여 수술 과정을 통제하는 건 기존 수술과 똑같지만 환자와 떨어져서 콘솔에 앉는다는 점에서 달라요. 고도로 정밀한 로봇 팔이 수술을 진행하고, 이 로봇 팔을 외과 의사가 직접 조종하는 거죠.

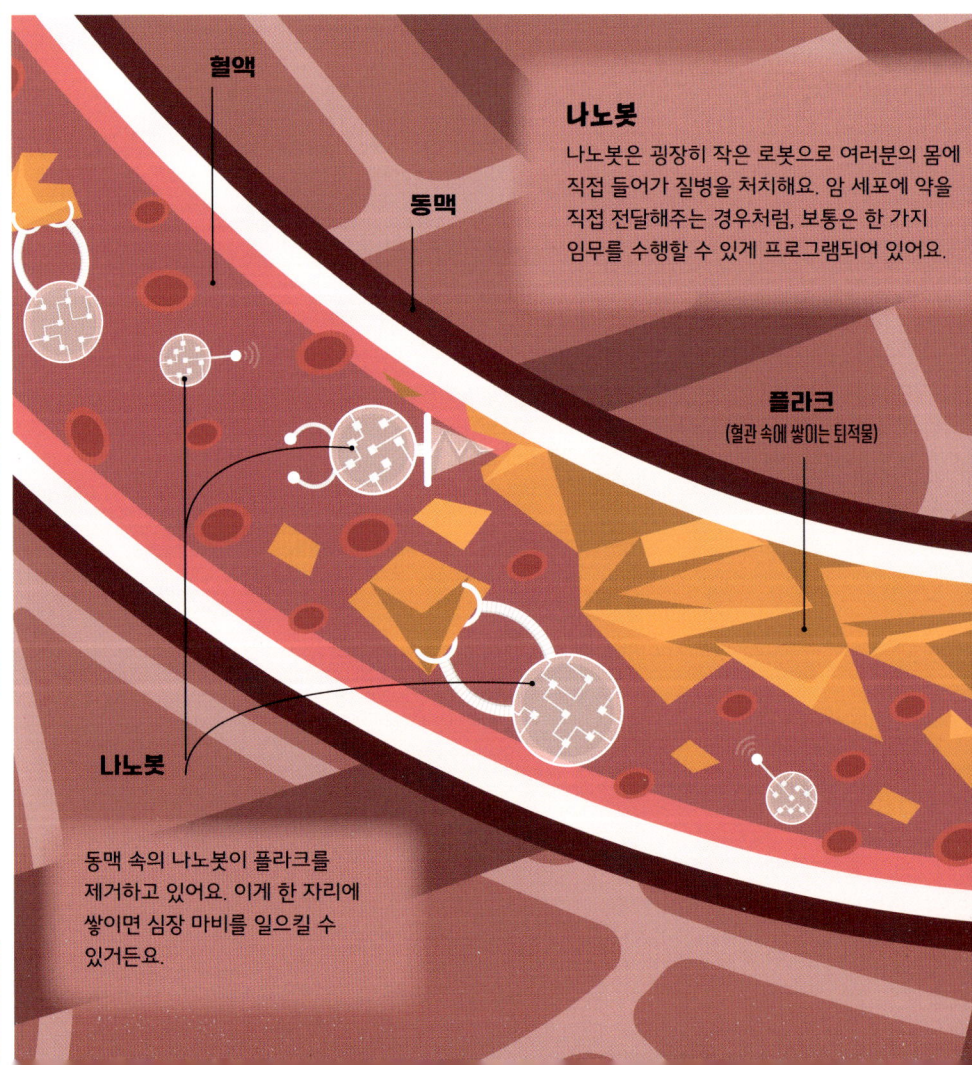

로봇 수술은 멀리 떨어져서도 할 수 있어요. 의사와 환자가 아예 다른 대륙에 있어도 수술이 가능하답니다. 대신 고품질 인터넷 서비스가 반드시 준비되어 있어야 합니다.

백신

백신은 여러분이 병에 걸리는 걸 막아주는 약이에요. 처음 발명된 이후 수백만 명의 목숨을 구했죠. 오늘날 과학자들은 새로운 백신을 개발하고 있어요. 바로 여러분의 면역체계가 직접 암이나 알츠하이머 같은 질병을 막을 수 있도록 가르치는 백신이죠. 새로운 백신 중 많은 수는 주사를 통하지 않고 코 스프레이나 피부에 붙이는 패치 형식으로 몸에 주입됩니다.

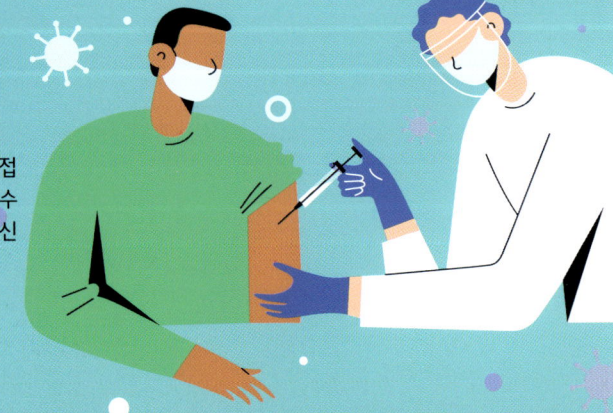

나노봇

나노봇은 굉장히 작은 로봇으로 여러분의 몸에 직접 들어가 질병을 처치해요. 암 세포에 약을 직접 전달해주는 경우처럼, 보통은 한 가지 임무를 수행할 수 있게 프로그램되어 있어요.

동맥 속의 나노봇이 플라크를 제거하고 있어요. 이게 한 자리에 쌓이면 심장 마비를 일으킬 수 있거든요.

뇌 지도

우리의 뇌는 매우 복잡해요. 과학자들이 뇌가 어떻게 작동하는지 많이 밝혀냈지만 아직도 모르는 것들이 너무 많아요. 앞으로 10년 안에, 과학자들은 시각, 기억, 감정을 통제하는 경로에 대해 많은 것들을 알아낼 수 있으리라 기대하고 있어요. 자폐증, 뇌전증, 알츠하이머 같은 질병의 새로운 치료법도 어서 개발되기를 바라요.

외과의사
콘솔

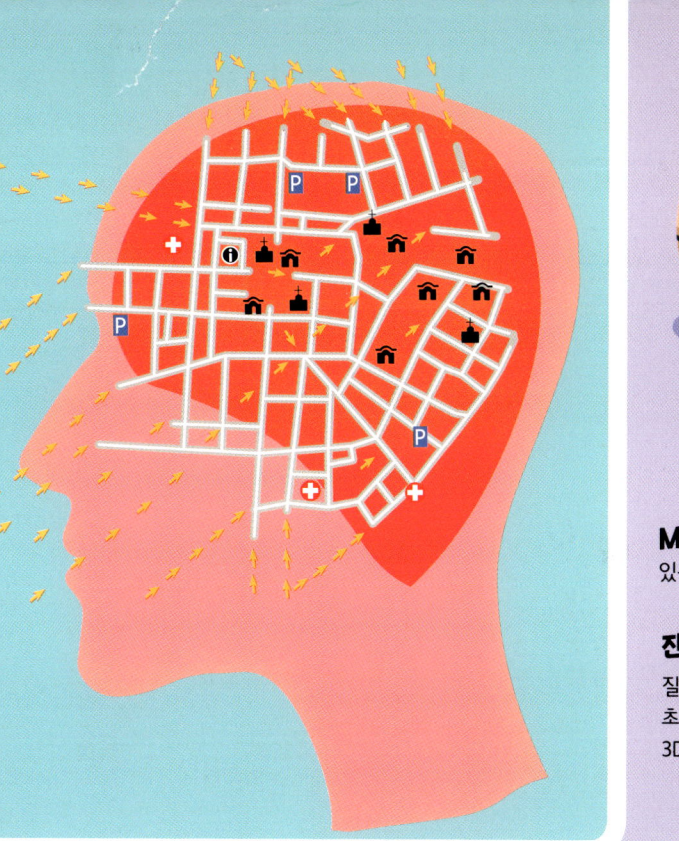

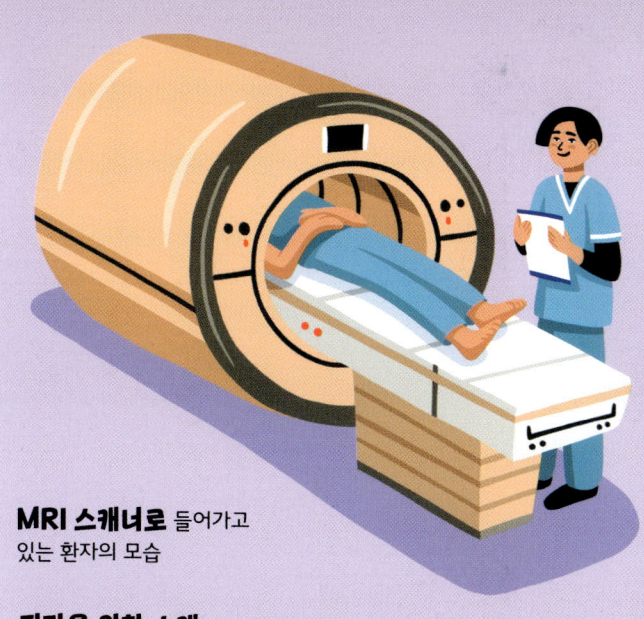

MRI 스캐너로 들어가고 있는 환자의 모습

진단을 위한 스캔

질병을 진단하기 위해 인체를 스캔하는 방법으로는 X-레이부터 초음파 검사, MRI까지 여러 가지가 있어요. AI(인공 지능) 기술과 3D 이미징은 새로운 연구가 진행되고 있는 앞날이 밝은 분야랍니다.

면역 치료

면역 치료는 환자 본인의 면역 체계를 이용하여 질병을 치료하는 방법이에요. 이미 다양한 종류의 암 치료에 활용되고 있고 좋은 결과도 얻고 있습니다.

CAR T-세포 치료라고 불리는 면역 치료 종류가 암 치료에 이용됩니다.

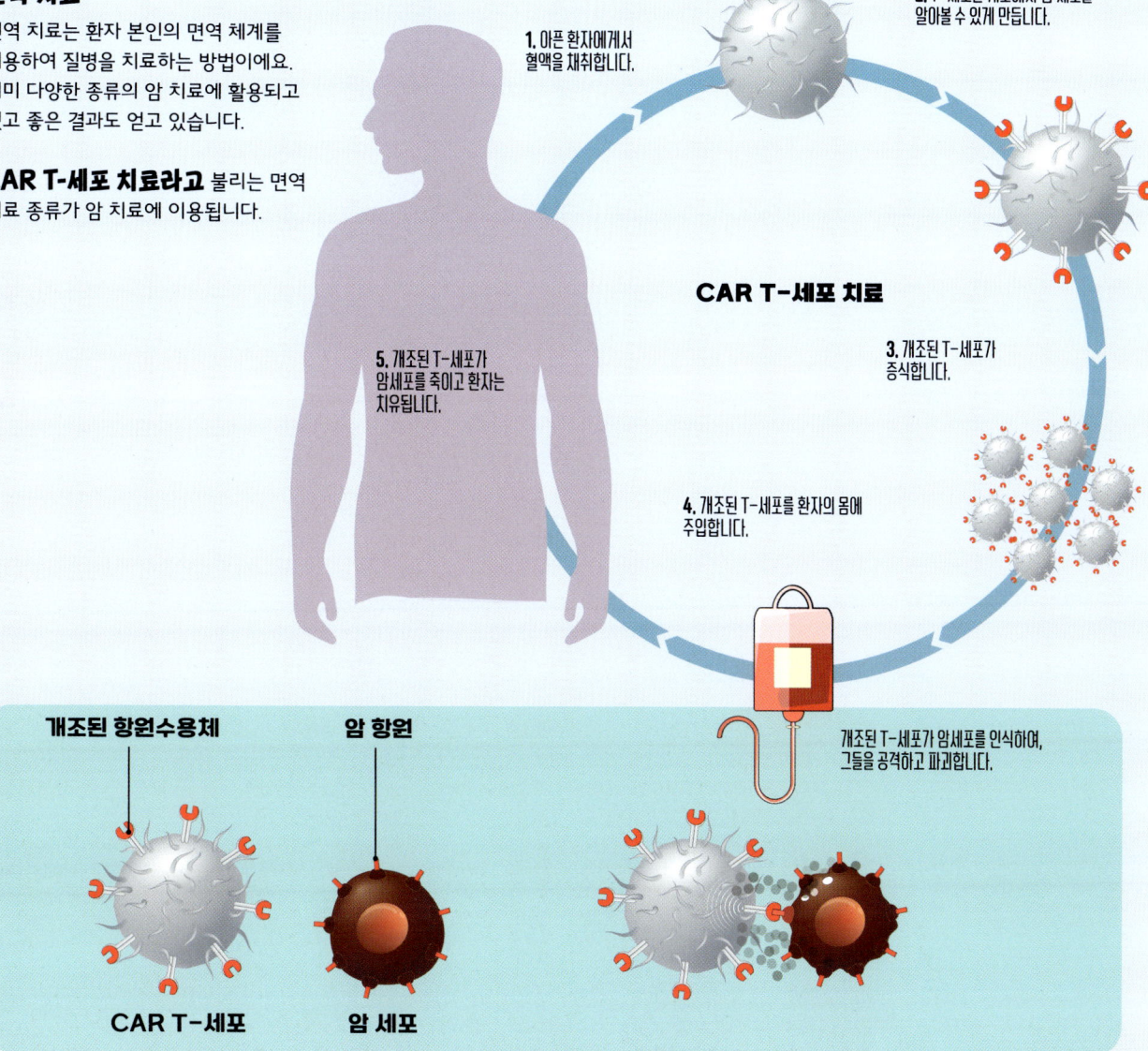

1. 아픈 환자에게서 혈액을 채취합니다.
2. T-세포를 개조해서 암 세포를 알아볼 수 있게 만듭니다.
3. 개조된 T-세포가 증식합니다.
4. 개조된 T-세포를 환자의 몸에 주입합니다.
5. 개조된 T-세포가 암세포를 죽이고 환자는 치유됩니다.

CAR T-세포 치료

개조된 T-세포가 암세포를 인식하여, 그들을 공격하고 파괴합니다.

개조된 항원수용체 암 항원
CAR T-세포 암 세포

새로운 장기 프린팅

지금까지는 심장이나 폐 같은 장기가 필요한 환자는 기증자가 죽을 때까지 마냥 기다려야 했어요. 막상 기증자의 장기가 건강하지 않을 때도 있었고요. 하지만 미래에는 3D 프린터를 이용하여 새로운 장기를 찍어낼 수 있으리라 기대하고 있어요. 이미 많은 연구가 진행되었기에 성공까지 얼마 남지 않았답니다.

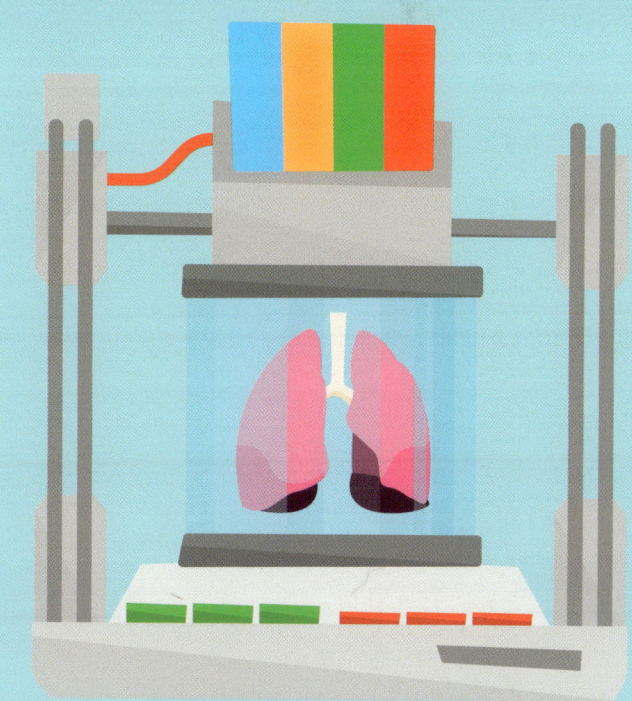

새로운 폐를 만들어내고 있는 3D 프린터.

색인

A-Z
10대의 호르몬 36
CPR 25
DNA 7, 9, 10-11

ㄱ
간 30, 31
갑상선 36
건강 유지 42-43
결합 조직 8, 14-15
고막 21
골격근 14-15
골수 8, 13, 34
관절 12-13
괴롭힘 43
귀 21
균형 21
근육 14-15
근육 조직 8, 14-15
기관지 28-29
기대 수명 41
꿈 19

ㄴ
나노봇 46
나팔관 38
난독증 44
난자 38-39
내분비계 36-37
뇌 7, 18-19, 47
뇌하수체 36

눈 20
뉴런 8, 18-19

ㄷ
당뇨병 37
대식세포 35
대장 30-31
동맥 24-25
두개골 12
땀 17

ㄹ
로봇 수술 46
림프계 34

ㅁ
말단소립 41
맥박 24
머리카락 17
멍 16
면역 치료 47
면역 체계 34-35
모세혈관 27, 29, 32
물집 16
미각 22-23
미뢰 22
민무늬근 15

ㅂ
박테리아 9, 35
반사 작용 19

방광 32-33
방귀 31
배아 38-39
백신 34, 46
백혈구 26, 34-35
보청기 21, 45
불안 44
비타민 D 17, 43
뼈 12-13
뼈대 12

ㅅ
사춘기 36-37, 40
상피 조직 8
생식계 38
세기관지 28-29
세포 8-9, 10-11
소장 30, 31, 37
소화 30-31
손톱 17
수면 19, 42
수분균형 32
수화 45
순환계 27
습진 35
시력 20, 45
식이 42
식이 장애 44
신경계 19
신장 32-33
심근 15

심장 24-25
심장 마비 25
심장 이식 25
쌍둥이 10, 39

ㅇ
아드레날린 36
알레르기 35
여드름 16, 36
염색체 10-11
염증 35
외이도 21
요관 32-33
요도 32-33
우울증 44
운동 15, 42
위 30-31
유전 11
유전자 10-11
유전자 치료 11
의수, 의족 45
의학 46
이동성 45
이중 나선 11
인간 게놈 10
인공 와우 45
인생 주기 40-41
임신 39

ㅈ
자폐 44

장내 미생물 31
장애 44-45
적혈구 26-27
정맥 24-25
정자 38
제세동기 25
조직 8
줄기 세포 8
지문 17

ㅊ
척수 19
청각 20-21
체온 16-17
촉각 22
췌장 36-37
치아 30

ㅋ
칼슘 12

ㅌ
태반 38-39
태아 39
탯줄 39
투석 33
투쟁 도피 반응 36

ㅍ
폐 28-29
폐암 29

표피 16
피부 16
피하 조직 16

ㅎ
학습 장애 44
허파꽈리 28-29
헌혈 27
혈당 37
혈소판 26
혈압 27
혈액 26-27
혈액형 26
혈장 26
호르몬 36-37
횡경막 28
후각 22-23
후각 망울 23
후두 29
후두융기 (후두돌기, 울대뼈) 29
흡연 29
힘줄 14-15

확인사항

아래를 제외한 모든 (표지와 내지의) 삽화는 다니엘 해밀턴이 그린 것입니다.
(t = 위, m = 중간, b = 아래, l = 왼쪽, c = 가운데, r = 오른쪽, 예를 들어 mc = 중간 가운데)

Shutterstock:

6-7	t	14-15	m	22	tr; mr; br	28	tl	33	tm, tr; ml; bl	38	tl, tr; m; b	43	tl; mr; bl
6	bl, br	14	l; br	23	t/	29	m; tr	34	l; tr; mr	39	tr; m; br	44	tl; bl, br
7	bl, br	15	tl, tr; bl, br	25	l	30	ml; bl; r	35	bl, br	40	b	45	tl, tm, tr; bl, br
10	tr; mr	20	r; bl, br	26	t; m; b	31	bl; tr; br	36	l; br	41	tr; bl	46	tr; bl, br /
11	l, tr	21	t	27	l	32	l; tm, tr; ml; bl	37	t; m; br	42	br	47	tl, tm; ml; bl, br